Yves Simon | Klaus-Dieter Altmeppen

Hörfunknachrichten in Deutschland

Ein Vergleich ihrer Form und ihrer Inhalte am Beispiel von ANTENNE BAYERN, BAYERN 3, HIT RADIO FFH und hr3

Die Deutsche Nationalbibliothek verzeichnet diese Publikation in der Deutschen Nationalbibliografie; detaillierte bibliografische Daten sind im Internet über http://dnb.d-nb.de abrufbar.

ISBN 978-3-8487-2462-8 (Print)

ISBN 978-3-8452-6621-3 (ePDF)

1. Auflage 2016

Inhaltsverzeichnis

Tabellenverzeichnis

Verzeichnis der Tabellen im Anhang

1 Einführung

In den 1920er-Jahren des letzten Jahrhunderts galt das Radio noch als „das“ innovative, neue Medium schlechthin. Heute – im 21. Jahrhundert – muss es, wie die Zeitung und sogar das Fernsehen, zu den traditionellen Medien gezählt werden. Diese erfahren jedoch in den letzten zehn bis 15 Jahren starken Gegenwind, und auch der Hörfunk kann sich dem nicht entziehen: erst durch das Internet an sich und jetzt durch die weiteren Ausprägungen davon, denn Smartphones und Tablets sorgen unter anderem dafür, dass besonders Tageszeitungen und Zeitschriften seit Jahren einen kontinuierlichen Auflagenrückgang zu verzeichnen haben (vgl. Schröder 2015). Sie werden gerne als ePaper im Internet gelesen, oder es wird ganz auf sie verzichtet. Dagegen scheint das Radio eine Art Fels in der Brandung zu sein: 57 Millionen Deutsche (78,7 %) schalten jeden Tag ein und hören im Durchschnitt mehr als vier Stunden zu (242 Minuten) (vgl. AGMA 2016a).

1.1 Relevanz der Hörfunknachrichten als Informationsquelle

Dennoch muss sich auch der Hörfunk dem neuen Zeitalter stellen – über Digitalradio können inzwischen alle Sender des Erdballs empfangen werden. Mithilfe von Smartphone-Apps oder Webradio hat der Hörer eine enorme Auswahl an Programmen. Wollen die Sender auch weiterhin ihre Hörerzahlen hoch halten, wird es in Zukunft nicht mehr genug sein, nur Musik und Comedy zu senden. Es muss mehr kommen – vor allem Nachrichten.

> *„Die Nachricht ist […] die um Objektivität bemühte Mitteilung eines allgemein interessierenden, aktuellen Sachverhalts in einem bestimmten formalen Aufbau“* (La Roche 2008: 78).

Darum geht es: den Hörer aktuell und objektiv zu informieren. Der Hörfunk ist das schnellste und direkteste Medium, das es gibt. Nichts ist schneller als das gesprochene Wort. Von Bedeutung ist, dass 60 % der Radiohörer jeden Tag nur ein und denselben Sender einschalten (vgl. Volpers/Schnier/Salwiczek 2005: 131). Dementsprechend wichtig ist es, dass alle Radioprogramme ihre Hörer tatsächlich umfassend informieren – egal ob öffentlich-rechtlich oder privat, egal ob Jugendsender oder Oldiewelle. Informationen sind wichtig und von den Hörern gewünscht. Nur so können sie mitreden. Die Hörer erwarten von ihrem Sender Nachrichten und für gewöhnlich zur vollen Stunde. Zu dieser Zeit schalten nachweislich mehr Menschen ihr Radio ein als aus (vgl. Peters 2003: 8). Trotzdem kürzen viele Programmchefs die Sendezeit für Nachrichten oder lassen sie mit einem Musikbett unterlegen, damit den Hörern vermittelt wird: „Bitte nicht wegschalten, es kommt ja gleich wieder Musik“. Das ist aber unnötig, denn im Zweifelsfall schalten Radiohörer lieber das Programm ein, das ein ausführlicheres Nachrichtenangebot zur klassischen Sendezeit bietet (vgl. Peters 2003: 203). Hörer, die generell keine Nachrichten hören möchten, schalten ohnehin weg und zwar egal wie kurz oder lang die Nachrichten am Ende dann sind. Gerhard VOWE und Jens WOLLING haben die Teilnehmer einer Studie gefragt, was sie denn besonders häufig in ihrem „Idealradio“ hören möchten. Auch hier gibt es eine klare Ansage der Hörer: Nach Musik stehen die Nachrichten gleich an zweiter Stelle – noch vor den Verkehrsmeldungen und Comedy (vgl. Vowe/Wolling 2004: 148). Das ideale Radioprogramm ist also mehr als nur Musik. Wer nur Musik hören will, der kann auch Spotify nutzen, eine CD einlegen oder einen MP3-Player an sein Radiogerät anschließen, und dann ist das Buhlen um Hörer ohnehin vergebens.

1.2 Hörfunkmärkte Bayern und Hessen

Diese Studie beschäftigt sich mit den Hörfunkmärkten Bayern und Hessen. Beide Sendegebiete eint, dass die jeweils zuständige öffentlich-rechtliche Hörfunkanstalt nur für ein und nicht gleich für mehrere Bundesländer zuständig ist: Der Bayerische Rundfunk (BR) kümmert sich nur um Bayern, während der Hessische Rundfunk (HR) lediglich für Hessen sendet. Darüber hinaus haben sowohl die Bayerische Landeszentrale für neue Medien (BLM) als Aufsichtsbehörde für den Privatfunk in Bayern, wie auch ihr Pendant in Hessen, die Hessische Landesanstalt für privaten Rundfunk und neue Medien (LPR-Hessen), nur einen landesweiten Privatsender zugelassen. In Bayern ist das ANTENNE BAYERN mit Sendestart am 5. September 1988 und in Hessen HIT RADIO FFH mit Sendestart am 15. November 1989. In anderen Bundesländern, z.B. in Baden-Württemberg wären die Voraussetzungen für die Studie nicht erfüllt, weil der Südwestrundfunk (SWR) zugleich auch die öffentlich-rechtliche Anstalt für

Rheinland-Pfalz ist und es u.a. mit Radio Regenbogen, Antenne 1 und Radio 7 gleich mehrere überregionale Privatprogramme gibt. Für die Märkte Bayern und Hessen ist demzufolge eine Vergleichbarkeit gegeben.

1.3 Reichweiten der untersuchten Sender und deren Relevanz als Informationsquelle

Diese Studie beschränkt sich auf insgesamt vier Sender, die allesamt Servicewellen mit ähnlicher Zielgruppe sind (vgl. Spotcom 2016, Radio/Tele FFH o.J., HR-Werbung o.J., BR-Media 2013). Untersucht wurden jeweils zwei bayerische und zwei hessische Programme: ANTENNE BAYERN und BAYERN 3 – HIT RADIO FFH und hr3. ANTENNE BAYERN und BAYERN 3 senden für Hörer in der Zielgruppe der 14–49-jährigen (vgl. Spotcom 2016 & BR-Media 2013). HIT RADIO FFH zielt auf Hörer zwischen 20 und 59 Jahre ab und hat somit eine etwas andere Zielgruppe (vgl. Radio/Tele FFH o.J.). Gleiches gilt für hr3: Hier wird die Zielgruppe mit 20 bis 49 Jahre+ angegeben (vgl. HR-Werbung o.J.). In dieser Untersuchung geht es darum, die Nachrichten der beiden privaten Programme mit denen ihrer direkten, öffentlich-rechtlichen Konkurrenten zu vergleichen.

In Bayern ist die Situation so, dass ANTENNE BAYERN laut MA 2016 Radio II mit 1,203 Millionen Hörern in der Durchschnittsstunde deutlich vor allen öffentlich-rechtlichen Mitbewerbern liegt. Gleichzeitig ist der Sender das reichweitenstärkste Radioprogramm in ganz Deutschland (vgl. AGMA 2016b). BAYERN 3 rangiert demnach mit seinen 777.000 Hörern in der Durchschnittsstunde auf Platz drei in Bayern – hinter ANTENNE BAYERN und Bayern 1 (vgl. AGMA 2016b).

In Hessen ist der Privatsender HIT RADIO FFH klarer Marktführer mit 529.000 Hörern in der Durchschnittsstunde und gleichzeitig der zweiterfolgreichste deutsche Privatsender hinter ANTENNE BAYERN (vgl. AGMA 2016b). Konkurrent hr3 erreicht in der Stunde durchschnittlich 334.000 Hörer und liefert damit das zweitbeliebteste Radioprogramm Hessens (vgl. AGMA 2016b).

Damit fällt auf, dass sowohl in Bayern als auch in Hessen die Privatsender den Markt anführen. Aus den starken Reichweiten aller vier Sender lässt sich ableiten, dass ihnen eine wichtige Informationsfunktion zukommt. Die Ermittlungen der MA 2016 Radio II ergaben auch, dass etwa 6,75 Millionen Deutsche täglich entweder ANTENNE BAYERN (3,95 Millionen/Tag) oder BAYERN 3 (2,8 Millionen/Tag) hören (vgl. Unternehmensgruppe ANTENNE BAYERN 2016, BR-Online 2016 & AGMA 2016b). Die veröffentlichten Zahlen sind zwar deutschlandweit erhoben worden, jedoch ist in der Ausweisung erkennbar, dass beide Programme nur im Kernverbreitungsgebiet Bayern und in den Grenzregionen zu ihren Nachbarbundesländern relevante Reichweiten erzielen. Daraus kann also abgeleitet werden, dass ungefähr jeder zweite Mensch, der in Bayern lebt, entweder ANTENNE-BAYERN- oder BAYERN-3-Hörer ist. In Bayern leben laut aktueller Erhebung 12,64 Millionen Menschen (vgl. Bayerisches Landesamt für Statistik 2015). Selbst wenn man davon ausgeht, dass einige der Hörer von ANTENNE BAYERN und BAYERN 3 aus den Nachbarbundesländern kommen – die Hörerzahlen der beiden Sender würden immer noch eine Quote von etwa 50 % an der Bevölkerung Bayerns erreichen. Diese hohen Zahlen sollten den verantwortlichen Programmchefs vor Augen führen, wie wichtig eine umfassende Berichterstattung in den Nachrichten ist.

1.4 Zielsetzungen der Studie

Servicewellen – egal ob privat oder öffentlich-rechtlich – erreichen hohe Hörerzahlen, woraus sich eine Informationspflicht ableiten lässt, die keinesfalls unterschätzt werden darf. Die vorliegende Studie untersucht verschiedene Eigenschaften der Hauptnachrichtensendungen und prüft so, inwiefern die Nachrichten der untersuchten Programme ANTENNE BAYERN, BAYERN 3, HIT RADIO FFH und hr3 dieser Verantwortung nachkommen. Die untersuchten Eigenschaften im Einzelnen werden im Kapitel „Konzeption und Methoden“ vorgestellt. Die gewonnenen Daten sollen am Ende dazu verwendet werden, für alle vier Sender ein Nachrichtenprofil zu erstellen. Dabei werden auch die Stärken und Schwächen der Nachrichtenangebote herausgestellt und die Grundausrichtung der Nachrichten festgehalten.

2 Forschungsstand und Annahmen

Die Nachrichtenforschung im Bereich Hörfunk lässt sich in zwei Gebiete aufteilen: Zum einen gibt es bereits einige wenige Studien, die die Nachrichten von bestimmten Radioprogrammen analysiert haben und deren Ergebnisse auch bedingt Rückschlüsse auf die zu untersuchenden Sender ANTENNE BAYERN, BAYERN 3, HIT RADIO FFH und hr3 zulassen. In diesen Studien geht es darum, wie die Nachrichten der jeweils analysierten Sender tatsächlich beschaffen sind.

Zum anderen gibt es aber auch Untersuchungen zur Radionutzung und zu den Wünschen, Ansprüchen und Bedürfnissen der Hörer, die sich am Rande auch mit Hörfunknachrichten befasst haben. Aus ihnen lassen sich zwar keine Annahmen ableiten, weil nicht automatisch davon ausgegangen werden kann, dass die Sender die Wünsche auch erfüllen. Vielmehr können Prüfaufträge abgeleitet werden, die dann im Ergebnisteil aufgegriffen werden, um zu sehen, inwiefern die vier untersuchten Radioprogramme auf die Wünsche der Hörer eingehen.

Zunächst sollen aber diejenigen Faktoren erläutert werden, die dafür verantwortlich sind, dass bestimmte Ereignisse überhaupt als Meldung in den Nachrichten aufgegriffen werden. Hierfür erfolgt ein kurzer Exkurs in die Nachrichtenwerttheorie. Dieser scheint wichtig, weil die vier analysierten Sender unterschiedliche Herangehensweisen an den Tag legen, was die Auswahl von Nachrichten angeht.

2.1 Grundzüge der Nachrichtenwerttheorie

Egal ob Fernseh-, Zeitungs- oder Hörfunkredaktionen, alle Medienhäuser haben mit einer stetig wachsenden Informationsflut zu kämpfen. Während Informationen und Termineinladungen früher lediglich per Post an die Journalisten zugestellt wurden, kommen heutzutage E-Mails, Push-Mitteilungen über das Smartphone und vor allem tagtäglich tausende Agenturmeldungen per Newsticker hinzu. Eine Nachrichtensendung im Radio kann aber selten mehr als fünf Meldungen aufgreifen. Deshalb ist von vornherein klar, dass Hörfunkredaktionen als sogenannte „Gatekeeper" auftreten müssen. Sie sind ein Nadelöhr, das die einzelnen Ereignisse passieren müssen, um zur Nachricht zu werden. Da es viele Redaktionen gibt, müsste man eigentlich davon ausgehen können, dass die Nachrichtensendungen der verschiedenen Medienunternehmen höchst unterschiedlich ausfallen. Bis zu einem gewissen Grad trifft dies auch zu. Dennoch ähnelt sich die Auswahl der Informationen für die Nachrichtensendungen teilweise auffällig. Verschiedenste Gatekeeper-Studien haben sich mit diesem Phänomen befasst. Sie unterstellen, dass Ereignisse bestimmte Merkmale aufweisen müssen, damit ihnen ein Nachrichtenwert zugesprochen wird. Man spricht von sogenannten „Nachrichtenfaktoren" (vgl. Kepplinger 2008: 3245 & Maier et Al. 2010: 15ff.).

Im Folgenden werden einige dieser Nachrichtenfaktoren nach MAIER, RUHRMANN & STENGEL aufgezählt (vgl. Maier, Ruhrmann & Stengel 2009: 14ff.):

1) Aggression
2) Emotion
3) Deutsche Beteiligung
4) Einfluss
5) Etablierung von Themen
6) Faktizität
7) Kontroverse
8) Kulturelle Nähe
9) Nutzen und Erfolg
10) Personalisierung
11) Politische Nähe
12) Prominenz
13) Räumliche Nähe
14) Reichweite
15) Schaden und Misserfolg
16) Sexualität und Erotik
17) Status der Ereignisnation
18) Ortsstatus innerhalb Deutschlands
19) Überraschung
20) Wirtschaftliche Nähe

Der Nachrichtenwert ist letztlich davon abhängig, wie viele dieser Nachrichtenfaktoren ein Ereignis aufweist und in welcher Intensität diese auftreten. Vor allem die Etablierung von Themen und die eingehende Konkurrenzanalyse von Medienunternehmen sorgen dafür, dass sich Nachrichten verschiedener Sender oftmals nicht so stark voneinander unterscheiden, wie man eigentlich vermuten würde (vgl. Kepplinger 2008: 3245 & Maier et Al. 2010: 18).

2.2 Studien zur Beschaffenheit von Hörfunknachrichten

Es gibt viele praktische Lehrbücher darüber, wie Hörfunknachrichten funktionieren und was ein Redakteur im günstigsten Fall zu leisten hat, um die Qualitätsanforderungen zu erfüllen. Sucht man jedoch nach Literatur, die Aussagen darüber trifft, wie Hörfunknachrichten in der Realität gestrickt sind, dann wird die Auswahl dünn. Empirische Studien sind rar: In Bayern gibt es bislang keine einzige vergleichende und öffentlich zugängliche Studie über die Nachrichteninhalte von landesweiten Hörfunkprogrammen.

Für das Sendegebiet Hessen findet sich die Untersuchung von Christoph HAAß aus dem Jahr 1994. Dort werden die Nachrichten von HIT RADIO FFH mit denen des Hessischen Rundfunks verglichen.

Es geht jedoch um den genauen Wortlaut der einzelnen Meldungen, die in einer qualitativen Inhaltsanalyse untersucht wurden. Zudem beschränken sich die Untersuchungen innerhalb des Hessischen Rundfunks nicht nur auf den eigentlichen FFH-Konkurrenten hr3, sondern beziehen auch Meldungen anderer HR-Sender mit ein. Am Ende spricht sich der Autor für die HR-Nachrichten ohne O-Töne als bestes der untersuchten Sendekonzepte aus (vgl. Haaß 1994: 103). Die vorliegende Studie will die Nachrichten anhand ihrer äußeren Merkmale untersuchen. Der genaue Wortlaut spielt dafür nur bedingt eine Rolle.

Peter BARGSTEDT und Ralph WEIß haben die Morgennachrichten im Hörfunk untersucht. Allerdings stammt die Studie aus dem Jahr 1987 und liefert über weite Strecken Ergebnisse, die für zeitgemäße Radionachrichten nicht mehr gelten. So lautet ein Ergebnis beispielsweise, dass die meisten Meldungen auf Ereignissen beruhen, die auf „internationaler Ebene“ stattfinden (vgl. Bargstedt/Weiß 1987: 24). Dieser Umstand dürfte auf die zu untersuchenden Programme aus Bayern und Hessen nicht mehr zutreffen. Seit der deutschen Wiedervereinigung hat sich der Anteil an internationalen Meldungen deutlich reduziert.

Am ehesten ließen sich Annahmen aus der Studie von Helmut VOLPERS, Detlef SCHNIER und Christian SALWICZEK aus dem Jahr 2005, sowie aus der zehn Jahre älteren Untersuchung von Klaus SCHÖNBACH und Lutz GOERTZ, ableiten. Beide Studien wurden von der HAM, der

Hamburgischen Anstalt für neue Medien, in Auftrag gegeben. Die erstgenannten Autoren haben für sämtliche norddeutsche Radioprogramme in Hamburg, Bremen, Mecklenburg-Vorpommern, Niedersachsen und Schleswig-Holstein Nachrichtenprofile erstellt und dabei die Stärken und Schwächen der Nachrichten herausgearbeitet. Ein Ergebnis lautet zum Beispiel, dass internationale Ereignisse in ihrer Priorität bei den untersuchten Programmen weit hinter nationalen Ereignissen zurückstehen (vgl. Volpers/Schnier/Salwiczek 2005: 161ff.).

SCHÖNBACH und GOERTZ haben anhand sämtlicher in Hamburg empfangbarer Sender untersucht, welche Eigenschaften Nachrichtensendungen haben sollten, sodass sich die Hörer besser an sie erinnern können.

2.3 Annahmen aus den Studien zur Beschaffenheit von Hörfunknachrichten

Die Untersuchung von Christoph HAAß liefert einige Hinweise, die sich möglicherweise über die Jahre hinweg gehalten haben. Folgende Parameter werden auch in der vorliegenden Untersuchung von Belang sein und können auf Grundlage der HAAß-Studie wie folgt als Annahmen formuliert werden:

1. *Die Meldungen bei HIT RADIO FFH sind im Durchschnitt 33 Sekunden lang – HR-Meldungen sind im Durchschnitt 49 Sekunden lang (vgl. Haaß 1994: 100).*
2. *Die Leadsätze bei FFH haben oft einen „forscheren, ‚sensationelleren‘ Charakter als die des HR“ (Haaß 1994: 101).*
3. *Sowohl HIT RADIO FFH als auch der HR behandeln die Sachgebiete vom Umfang her ähnlich (vgl. Haaß 1994: 100).*
4. *FFH berichtet ausführlicher über Sportereignisse (vgl. Haaß 1994: 100).*
5. *FFH-Meldungen weisen öfter einen Hessen-Bezug auf als die Meldungen des Hessischen Rundfunks (vgl. Haaß 1994: 100).*

Aus den Ergebnissen der HAM-Studien lassen sich ebenfalls Annahmen für die vorliegende Untersuchung ableiten:

6. *Die Nachrichten der öffentlich-rechtlichen Wellen sind durchschnittlich länger (vgl. Volpers/Schnier/Salwiczek 2005: 123 & 161–180).*

7. *Die einzelnen Meldungen in den Nachrichten der öffentlich-rechtlichen Wellen sind zudem länger (vgl. Volpers/Schnier/Salwiczek 2005: 123 & 161–180).*
8. *Die durchschnittliche Länge einer Meldung liegt bei 35 Sekunden (vgl. Schönbach/Goertz 1995: 19).*
9. *Die Anmutung eines Programms sagt nichts über das Informationsangebot in den Nachrichten aus, z.B. ein Musikbett unter den Nachrichten (vgl. Volpers/Schnier/Salwiczek 2005: 122).*
10. *Politische Themen werden in den Nachrichten am häufigsten gemeldet (vgl. Volpers/Schnier/Salwiczek 2005: 161–180).*
11. *„Rezipienten, die den Hörfunk als alleinige Quelle für landesbezogene Berichterstattung nutzen, bekommen eine vergleichsweise reduzierte Information über das Landesgeschehen" (Volpers/Schnier/Salwiczek 2005: 127).*
12. *„Die herkömmliche bipolare Betrachtung des ‚informationsreichen' öffentlich-rechtlichen Rundfunks versus des ‚informationsarmen' privaten Rundfunks greift in dieser Vereinfachung für den Hörfunk zu kurz" (Volpers/Schnier/Salwiczek 2005: 132).*

2.4 Studien zu den Wünschen, Ansprüchen und Bedürfnissen der Hörer

Von Seiten der Mediennutzungsforschung gibt es mehrere nützliche Studien, die sich mit Nachrichten im Allgemeinen und Hörfunknachrichten im Besonderen befasst haben. Viele Ergebnisse sind allerdings weitaus weniger eindeutig, als dass sich aus ihnen ein klares Rezept für eine ideale Nachrichtensendung erstellen ließe. Deswegen werden aus den Studien der Mediennutzungsforschung lediglich einige Elemente aufgegriffen, die für diese Untersuchung sinnvoll erscheinen. Die Konzeption der hier vorliegenden Studie lässt es zu, zumindest zu überprüfen, wie nahe die untersuchten Sender den Vorstellungen und Bedürfnissen der Hörer kommen. Dennoch können aus den vorangegangenen Studien oft keine Annahmen für die zu untersuchenden Nachrichtenformate von ANTENNE BAYERN, BAYERN 3, HIT RADIO FFH und hr3 abgeleitet werden, etwa weil die Ergebnisse bereits zu alt sind oder weil sich die Konzeption hauptsächlich auf Fernsehnachrichten bezogen hat. Darum sollen die Ergebnisse dieser Studien nicht als „Annahmen", sondern als „Prüfaufträge" bezeichnet werden. Im Folgenden werden diese Ergebnisse zunächst beschrieben – in der Ergebnisbewertung wird dann kontrolliert, inwiefern sich die Sender AN-

TENNE BAYERN, BAYERN 3, HIT RADIO FFH und hr3 an der Mediennutzungsforschung und damit an den Bedürfnissen der Rezipienten orientieren.

Wie bereits in der Einleitung erwähnt, haben VOWE und WOLLING herausgefunden, dass Nachrichten von den Hörern besonders häufig im Radioprogramm gewünscht werden. Das sahen 77 % der Befragten so. Nur drei Prozent gaben an, Nachrichten eher selten oder nie hören zu wollen. Ein weiteres interessantes Ergebnis der Untersuchung ist, dass sich 53 % vor allem Informationen über aktuelle politische Themen im Radio wünschen. Damit ist Politik jenes Nachrichtenspektrum, das am meisten gewünscht wurde. 17 % der Befragten gaben an, keine oder zumindest kaum Informationen über Politik-Themen hören zu wollen. Am zweithäufigsten gewünscht: Themen aus der Sparte Verbrechen und Unfälle. Ein Drittel möchte häufig über Verbrechen und Unfälle informiert werden. Allerdings: 28 % der Befragten gaben an, gar nichts oder nur wenig darüber im Radio hören zu wollen (vgl. Vowe/Wolling 2004: 23 & 148).

Klaus SCHÖNBACH und Lutz GOERTZ untersuchten im Jahr 1995, was Radionachrichten leisten müssen, um vom Publikum behalten zu werden. Dabei haben sie auch den idealtypischen Nachrichtenverlauf beschrieben, wie er dem Hörer einen größtmöglichen Nutzen bringen würde:

- Morgens erreichen die Programme die meisten Menschen. Um diese Uhrzeit geht es darum, den Hörern zu sagen, was sich seit dem Abend ereignet hat, ob die Welt noch in Ordnung ist und auf was sie sich heute alles einstellen müssen (vgl. Schönbach/Goertz 1995: 14).
- Mittags sollten die Nachrichten eine Art „Update“ liefern – was sich seit dem Morgen ereignet hat und was heute noch alles zu erwarten ist (vgl. Schönbach/Goertz 1995: 14 & Berg/Kiefer 1992: 56ff.).
- Ab dem späten Nachmittag, sobald die sogenannte „Drive-Time“ einsetzt, sollten die Nachrichten damit beginnen, den Tag zusammenzufassen. Für viele Menschen ist das die erste zusammenfassende Information über den Tag, bevor sie den Fernseher einschalten (vgl. Schönbach/Goertz 1995: 14).

Die vorliegende Studie soll untersuchen, inwiefern sich die beiden bayerischen und hessischen Sender an diesen idealtypischen Nachrichtenverlauf halten.

„Radionachrichten lassen sich durch Schlagzeilen, durch eine angekündigte inhaltliche Gliederung (‚Clustering‘), durch plausiblen Aufbau und durch

klare Trennung der Meldungen voneinander für die Hörerinnen und Hörer übersichtlich gestalten." (Schönbach/Goertz 1995: 107)

Dieser Satz sagt einiges darüber aus, wie die Nachrichten für den Hörer ansprechend gestaltet werden können. Allerdings was die Erinnerungsleistung betrifft: *„akustische Trenner, O-Ton-Nachrichten, Themenüberblicke, Ortsmarken. Diese Formalien schaden zwar nicht, nützen aber auch nicht – jedenfalls nicht wesentlich."* (Schönbach/Goertz 1995: 109) Damit beschreiben die Autoren ein grundsätzliches Dilemma der Nachrichtenredaktionen, denn nicht alles was der Hörer in der Studie als „ansprechend" bewertet hat, trägt tatsächlich zur Verbesserung der Erinnerungsleistung bei (vgl. Schönbach/Goertz 1995: 111).

Auch in dieser Untersuchung werden die Radiomacher darin bestärkt, die Nachrichten etwas länger zu halten, zumindest wenn sie erreichen wollen, dass das Publikum sie auch im Kopf behält: *„Sie sollten [...] eher wenige, dafür aber jeweils längere Meldungen enthalten. [...] Das Publikum sollte Zeit haben, sich in Sendung, Meldung und Satz ‚einzuhören'."* (Schönbach/Goertz 1995: 110)

Als gute Länge für eine Meldung nennen die Autoren eine „Dreiviertelminute" (ebd.). Prinzipiell gilt deswegen die Regel: Je länger eine Meldung, desto mehr Zeit hat der Hörer, sich die Informationen zu merken. Und: Je mehr Meldungen eine Nachrichtensendung enthält, desto weniger genau werden die Informationen erinnert (vgl. Schönbach/Goertz 1995: 72).

Der Amerikaner Walter GANTZ erhielt bereits 1978 eine etwas andere Antwort auf die Frage, wie viele Themen einer Nachrichtensendung erinnert werden. Sein Ergebnis: Menschen – egal mit welcher Informationsmotivation sie Nachrichten konsumieren – können in der Regel zwischen 5,50 und 6,77 Themen einer Nachrichtensendung erinnern, egal wie viele Meldungen es insgesamt gibt (vgl. Gantz 1978: 666 & Kindel 1998: 31). Demnach scheint es sinnvoll, zwischen fünf und sieben Ereignisse pro Nachrichtensendung zu thematisieren, um den Ansprüchen der Zuhörer gerecht zu werden.

Auch wenn es Widersprüche darin gibt, wie viele Meldungen letztlich am günstigsten wären – eines ist sicher: Sie sollten nicht zu monoton und einschläfernd sein. SCHÖNBACH und GOERTZ stellten fest: *„Originalbeiträge von Korrespondenten und Statements von Akteuren der Nachrichten sind hier ein probates Mittel"* (Schönbach/Goertz 1995: 107), zumindest um die Nachrichten äußerlich attraktiv und beliebt zu machen, denn *„viele fanden (O-Ton-) Nachrichten gut, in denen auch Korrespondenten* *zu Wort kommen – eine Darstellungsform, die [aber] nach unseren Ergebnissen wiederum nichts zur Erinnerung beitrug"* (Schönbach/Goertz 1995: 111 & Kindel 1998: 157ff.).

Laut Andreas KINDEL hat es ebenso keinen Einfluss auf das Erinnerungsvermögen, die Gefühle des Hörers anzusprechen (vgl. Kindel 1998: 207ff.). Anders als möglicherweise vermutet, haben Musikbetten unter Nachrichten keine negative Auswirkung auf das Behalten der Informationen. Das weisen sowohl SCHÖNBACH und GOERTZ (vgl. Schönbach/Goertz 1995: 111) als auch KINDEL (vgl. Kindel 1998: 153) nach.

Als Einzelbefund kam heraus, dass Nachrichten weniger richtig nacherzählt werden, wenn sie von Frauen gesprochen werden (vgl. Schönbach/Goertz 1995: 109).

2.5 Zu prüfende Eigenschaften aus den Studien zu den Wünschen, Ansprüchen und Bedürfnissen der Hörer

Auch wenn die vorhandenen Studien wenig eindeutige Aussagen darüber treffen können, wie die Nachrichten gleichzeitig nutzerfreundlich und angesehen zugleich sein können, so geben sie zumindest Anhaltspunkte. Es kommt darauf an, was ein Sender erreichen will. Will er, dass die Nachrichten äußerlich für „gut" befunden werden und sich gut in das Programm integrieren, oder will er, dass die Nachrichten möglichst genau erinnert werden? Bleibt zu hoffen, dass es eher um das letztgenannte geht. Beides gleichzeitig zu erreichen scheint schwer. Aber einen Trost für die Programmplaner gibt es: Es ist der Gesamteindruck einer Nachrichtensendung, der *„sich stark auf die Beurteilung ihrer einzelnen Elemente aus[wirkt]. Mehr noch: Wahrscheinlich strahlt das Image des übrigen Programms auf die Nachrichtensendung aus."* (Schönbach/Goertz 1995: 108)

Zwar beschäftigt sich diese Untersuchung vorrangig damit, wie die Nachrichten der untersuchten Sender tatsächlich gestaltet sind. Es lohnt sich jedoch durchaus, die Nachrichten von ANTENNE BAYERN, BAYERN 3, HIT RADIO FFH und hr3 auf gewisse Eigenschaften zu prüfen, die Hinweise auf deren Nutzerfreundlichkeit bieten.

Folgende Punkte aus den Studien über Wünsche und Bedürfnisse der Radiohörer werden auch von der vorliegenden Untersuchung erfasst und können deshalb als Prüfaufträge formuliert werden:

1. Politische Themen sollten am häufigsten in den Nachrichten vorkommen – Themen aus dem Bereich „Kriminalität und Verbrechen" am zweithäufigsten (vgl. Vowe/Wolling 2004: 23 & 148).
2. Am Morgen sollten die Themen eher rückgreifend und vorausblickend sein, während die Anzahl der hochaktuellen Geschehnisse erst ab dem Mittag steigen sollte (vgl. Schönbach/Goertz 1995: 14 & Berg/Kiefer 1992: 56ff.).
3. Schlagzeilen und klassische Leadsätze zu Beginn einer Meldung tragen zur Übersichtlichkeit einer Nachrichtensendung bei, helfen aber nicht beim Erinnern (vgl. Schönbach/Goertz 1995: 107).
4. Die Nachrichtensendung sollte wie auch die Einzelmeldungen länger sein, um besser erinnert zu werden (vgl. Schönbach/Goertz 1995: 72&110).
5. Fünf bis sieben Meldungen können vom Publikum in der Regel gut erinnert werden (vgl. Gantz 1978: 666 & Kindel 1998: 31).
6. O-Töne, Nachrichtenaufsager und Reporterstücke tragen zwar nicht zur Erinnerung einer Meldung bei, können aber das Ansehen eines Nachrichtenformats erhöhen (vgl. Schönbach/Goertz 1995: 111 & Kindel 1998: 157ff.).
7. Emotionalisierungen tragen nicht zur Erinnerung bei (vgl. Kindel 1998: 207ff.).
8. Nachrichten, die von Frauen gesprochen werden, können manchmal weniger genau wiedergegeben werden (vgl. Schönbach/Goertz 1995: 109).
9. Musikbetten stören das Publikum nicht signifikant beim Erinnern von Nachrichten (vgl. Schönbach/Goertz 1995: 111 & Kindel 1998: 153).

Zudem kam bei den vorgestellten Studien heraus, dass ein Nachrichtenüberblick, Ortsmarken und eine klare Trennung der Meldungen untereinander zur Übersichtlichkeit beitragen, jedoch nicht als Erinnerungsstützen dienen (vgl. Schönbach/Goertz 1995: 109). Die genannten Parameter haben allerdings nicht in das Untersuchungskonzept dieser Studie gepasst, weil sie nur den Nettonachrichtengehalt der Nachrichten untersuchen soll und somit nur Nachrichtenmeldungen erfasst. Nachrichtenüberblick, akustische Trenner und Ortsmarken sind jedoch Eigenschaften, die in jeder Sendung völlig identisch zum Ausdruck kommen und deswegen keiner besonderen Untersuchungsmethode bedürfen. Deshalb sei an dieser Stelle erwähnt: Nachrichtenüberblicke wurden im Erhebungszeitraum nur von den beiden öffentlich-rechtlichen Sendern BAYERN 3 und hr3 verwendet. Mit Ortsmarken arbeitete keiner der vier Sender. Akustische Nachrichtentrenner zwischen den Meldungen kamen hingegen auf allen untersuchten Wellen zum Einsatz. Einzige Ausnahme blieb ANTENNE BAYERN. Dort setzt man auf kurze Sprechpausen zwischen den Meldungen.

3 Konzeption und Methoden

Die vorliegende Studie untersucht die Beschaffenheit der Hauptnachrichtensendungen der im Titel genannten Hörfunkprogramme mithilfe einer quantitativen Inhaltsanalyse. Die Daten wurden mit der Statistik- und Analysesoftware SPSS ausgewertet. Allerdings enthält die Untersuchung auch einige wenige qualitative Elemente, auf die später genauer eingegangen wird.

Sonstige Informationsblöcke, etwa zur halben Stunde sind außer Acht gelassen worden – allein schon deshalb, weil die Halbblöcke der vier Sender völlig unterschiedlich konzipiert sind. Während HIT RADIO FFH beispielsweise nur in der Morningshow Halbnachrichten bietet, laufen auf ANTENNE BAYERN von 04:30 Uhr bis 18:30 Uhr Halbblöcke mit Nachrichten, die jedoch außerhalb der Primetime am Morgen und am Nachmittag vollständig vom Moderator präsentiert werden. Um eine Vergleichbarkeit herzustellen, beschränkt sich diese Studie also auf die Nachrichten zur vollen Stunde.

Jede Meldung, die in den Nachrichten enthalten war, wurde bei der Untersuchung als eigene Analyseeinheit betrachtet. Enthielt eine Meldung neben dem Sprechertext auch noch zusätzliche Elemente, wie z.B. Original-Töne von Akteuren, einen am Nachrichtentisch produzierten Aufsager eines Redakteurs oder ein Reporterstück eines Korrespondenten, so wurde dieses Element als Teil der Meldung miterfasst und nicht eigenständig analysiert, weil die Meldung ohne das angefügte Element nicht verständlich werden würde. Sie wurde entsprechend so konzipiert, dass das Element ein notwendiger Bestandteil dieser Meldung ist. Nicht untersucht wurden das Nachrichtenintro und akustische Trenner innerhalb der Sendung, die nicht zum Verständnis der Meldung beitragen und – sofern vorhanden – der Nachrichtenüberblick zum Beginn der Nachrichtensendung. Dieser enthält nur eine Kurzzusammenfassung der Meldungen, die anschließend ohnehin erfasst wurden. Ebenfalls von der Untersuchung ausgeschlossen wurden Wetter- und Verkehrsmeldungen, die als periodisch wiederkehrende Serviceleistungen der Programme anzusehen sind. Diese sind zwar auch Nachrichten im erweiterten Sinne, würden das Ergebnis der Untersuchung jedoch stark verfälschen. Zudem treffen wesentliche Bestandteile der Nachrichtenwerttheorie auf Wetter und Verkehr nicht zu, z.B. die Punkte „Überraschung“ oder „Personalisierung“ (vgl. Galtung/Ruge 1965: 65–68, Pürer 2003: 130f. & Maier, Ruhrmann & Stengel 2009: 14ff.). Es gibt jedoch Ausnahmen: Überschreitet ein Verkehrsunfall einen Schwellenwert, kann es sein, dass er vom Nachrichtenredakteur als Nachricht registriert und so zu einer Meldung in der Hauptnachrichtensendung wird, beispielsweise wegen seiner Bedeutsamkeit. Ist das geschehen, so wurde eine Verkehrsmeldung miterfasst. Gleiches gilt auch für Wettermeldungen, denen aufgrund ihrer Bedeutung ein Platz innerhalb der Nachrichtensendung eingeräumt wurde. In die Untersuchung eingeflossen ist damit nur der reine Nettoinformationsgehalt einer Nachrichtensendung. Sonstiges Füllmaterial blieb unberücksichtigt.

3.1 Umfang der Studie

Insgesamt wurden für die Studie einhundert Nachrichtensendungen ausgewertet, genau 25 von jedem der vier untersuchten Sender. Um ein repräsentatives Ergebnis zu erhalten, verteilen sich die Nachrichten auf fünf verschiedene Tage. Dabei kommt jeder Wochentag von Montag bis Freitag genau einmal vor. An allen Erhebungstagen herrschte eine Nachrichtenlage, die als „normal“ bezeichnet werden kann. Um sicherzustellen, dass die Ergebnisse nicht durch ein unvorhersehbares Ereignis verfälscht werden, das sich über mehrere Tage hinweg zieht, wurde eine Streuung vorgenommen: Nach jedem Analysetag folgte mindestens ein Tag, an dem nicht untersucht wurde. So konnten die fünf Werktage auf insgesamt zwei Wochen verteilt werden, was den Zeitraum repräsentativer macht.

Die Erhebung der Daten fand zwischen dem 4. November 2013 und dem 14. November 2013 statt. Dabei wurden folgende Tage in die Untersuchung einbezogen:

- Montag, 04.11.2013
- Mittwoch, 06.11.2013
- Freitag, 08.11.2013
- Dienstag, 12.11.2013
- Donnerstag, 14.11.2013

Die Idee bei der Konzeption war es, einen Nachrichtenverlauf nachzeichnen zu können. Das machte es notwendig, mehrere Nachrichtensendungen pro Analysetag zu untersuchen. An jedem der genannten Tage gingen pro Sender fünf Nachrichtensendungen mit in die Studie ein, also insgesamt und auf alle Erhebungstage hochgerechnet 25 Sendungen pro untersuchtem Radioprogramm. Die Sendungen sind gut über den Tag verteilt:

- 6 Uhr
- 8 Uhr
- 12 Uhr
- 14 Uhr
- 16 Uhr

Die Auswahl der Sendezeiten erfolgte anhand von sogenannten „Einschalt-Peaks". Die reichweitenstärkste Radiostunde des gesamten Tages ist für gewöhnlich zwischen sieben und acht Uhr morgens (vgl. ARD-Werbung Sales & Services 2016). Nachdem aber ein Nachrichtenverlauf gezeichnet werden soll und die Hörerzahlen nach neun Uhr in aller Regel wieder abnehmen, wurden die Sendungen um sechs Uhr und acht Uhr zur Untersuchung herangezogen, weil diese Sendungen den Einschaltpeak zeitlich umschließen. Zwölf Uhr ist ebenfalls eine beliebte Zeit, um Radio zu hören, weil viele Menschen mit ihrer Mittagspause beginnen, weswegen die Reichweite ab zwölf Uhr in der Regel wieder ansteigt (vgl. ebd.). Die Sendungen um 14 und 16 Uhr sind zwar keine wirklichen Peaks mehr, allerdings sinkt die Quote in der Regel zum späten Nachmittag beträchtlich, sodass den Nachrichtensendungen um 14 und um 16 Uhr eine wichtige Funktion zukommt, weil gerade um diese Uhrzeit viele Menschen in den Feierabend starten.

3.2 Probleme und Auffälligkeiten

Verschiedene Eigenschaften der Nachrichtensendungen haben zunächst Probleme bei der Vorgehensweise und Ausarbeitung des Codebuchs gemacht:

So gibt es in den Nachrichten von ANTENNE BAYERN am Ende der Nachrichten eine Korrespondenten-Kette, die sich „die Bayernreporter" nennt. Darin werden drei bayerische Ereignisse von den Korrespondenten im Stile einer 30-sekündigen Kurzreportage vorgetragen. Das Besondere dabei ist, dass die drei Bayernreporter-Stücke nicht vom Sprecher anmoderiert werden. Stattdessen läuft nach der letzten Sprechermeldung ein Jingle, der die Bayernreporter ankündigt. Anschließend läuft vor jedem der drei Reporterstücke ein Drop mit dem jeweiligen Regierungsbezirk, aus dem sich der Korrespondent meldet. Die Meldungen der Bayernreporter sind dabei immer mit einem Musikbett unterlegt, während der Rest der Nachrichten „trocken" präsentiert wird. Anders als zwischen den Meldungen davor, gibt es während der Bayernreporter keine Sprechpause zwischen den Reporterstücken. Nachdem sich ein Korrespondent mit Name und Ort abmoderiert hat, läuft direkt der nächste Drop und das nächste Reporterstück der Korrespondentenkette beginnt. Um die Bayernreporter als drei eigene Meldungen erfassen zu können, wurde jeweils die Sprechdauer des Nachrichtenmoderators in SPSS mit null Sekunden erfasst und die Sprechdauer des Korrespondenten in das Feld für die Gesamtdauer der Meldung eingetragen. In der Ausweisung der Ergebnisse erscheinen die Bayernreporter, die eine eigene Darstellungsform von ANTENNE BAYERN sind, unter „Sonstige Darstellungsformen", weil die herkömmlichen Formen alle nicht mit den Bayernreportern vergleichbar sind.

Bei HIT RADIO FFH haben zunächst mehrere Besonderheiten für Herausforderungen gesorgt: Die Nachrichten laufen bei FFH prinzipiell nicht zur vollen Stunde, sondern aus programmtaktischen Gründen immer fünf Minuten früher. Das hatte auf die Analyse selbst keinen Einfluss. Während für die drei anderen Sender jeweils die sechs-, acht-, zwölf-, 14- und 16-Uhr-Nachrichten untersucht wurden, waren es für FFH die Sendungen um 5:55 Uhr, 7:55 Uhr, 11:55 Uhr, 13:55 Uhr und 15:55 Uhr.

Problematischer war es, dass HIT RADIO FFH zu den Uhrzeiten 8:55 Uhr, 13:55 Uhr und 17:55 Uhr zur Frankfurter Börse schaltet und über die aktuellen Aktienkurse berichtet oder börsenrelevante Wirtschaftsthemen aufgreift. Um 10:55 Uhr, 14:55 Uhr und 16:55 Uhr werden die Nachrichten zudem auseinander geschaltet. Damit ist gemeint, dass die ersten Meldungen über alle hessischen Frequenzen gleichermaßen gesendet werden. Nach der dritten Meldung jedoch läuft ein Regionalblock mit weiteren Meldungen, die auf jeder Frequenz unterschiedlich ausfallen. Diese Meldungen sind zudem auf die jeweilige Senderegion zugeschnitten. An dieser Stelle sei ausdrücklich darauf hingewiesen, dass es FFH-Nachrichtensendungen mit Regionalblock gibt und in diesen Sendungen der Anteil an Meldungen hessischen Ursprungs außergewöhnlich hoch sein dürfte. Die Sendungen mit Regionalteil blieben aber komplett außen vor. Um ein einheitliches Bild der Nachrichten auf HIT RADIO FFH zu bekommen, hätten alle Regionalsendungen mitanalysiert werden müssen. Das hätte jedoch dem Konzept dieser Studie widersprochen. Sie orientiert sich, wie beschrieben, an den Einschaltpeaks. Eine Änderung des Konzeptes erschien in Anbetracht der Tatsache, dass es sich um die Besonderheit eines

Senders handelt, als unangemessen. Deswegen wurden die Regionalsendungen komplett aus der Untersuchung herausgehalten.

Um an diesem System festhalten zu können, war es jedoch unumgänglich, die 13:55-Uhr-Sendung mit Börsenblock in die Analyse miteinzubeziehen. Damit das Ergebnis der Studie dennoch nicht durch einen unverhältnismäßig hohen Anteil an Börsennachrichten verfälscht wird, werden die Werte für Wirtschaft und Börse getrennt und unabhängig voneinander ausgewiesen.

Eine weitere Besonderheit bei HIT RADIO FFH fällt zum Beginn der Nachrichten auf: Nach dem Nachrichtenintro meldet sich zunächst der Moderator und ordnet die aktuelle Verkehrslage auf den hessischen Straßen ein, ehe er den Nachrichtensprecher mit der ersten Meldung einführt. Hierbei musste beachtet werden, dass der erste Satz stets vom Moderator präsentiert wird und der Sprecher die Meldung dann fortführt. Diese Besonderheit soll dazu beitragen, dass die Nachrichten besser in das restliche Programmgefüge eingegliedert scheinen. Erfasst wurde die Aufmachermeldung jedoch erst ab dem ersten Satz, den der Sprecher verlesen hat. Wie beschrieben geht es darum, den Nettoinformationsgehalt der Nachrichten zu untersuchen. Das wiederum macht eine klare Trennung von Moderation und Nachrichten notwendig.

Unter der ersten Meldung läuft in der Regel auch ein Musikbett, das jedoch ausläuft, sobald der erste Nachrichtenaufsager, O-Ton oder Korrespondentenbeitrag läuft.

Die beiden öffentlich-rechtlichen Programme BAYERN 3 und hr3 liefern klassische Nachrichten ab, die keinerlei Herausforderungen für die Konzeption der Studie dargestellt haben.

3.3 Untersuchte Variablen/Parameter und deren Bedeutung

Insgesamt sind 531 Meldungen für die Studie untersucht worden. Sie alle erhielten bei der Analyse eine Identifikationsnummer und wurden dem entsprechenden Sender, sowie dem Sendedatum und der Uhrzeit der Ausstrahlung zugeordnet. Außerdem wurde festgehalten, auf welcher Position die Meldung innerhalb der Nachrichten lief.

3.3.1 Zeitliche Faktoren

Zeit ist ein wichtiges Wort, wenn es um Nachrichten geht. Wie beschrieben werden Meldungen umso besser erinnert, je länger sie sind (vgl. Schönbach/Goertz 1995: 72 & 110). Außerdem spielt es eine Rolle, wann das Ereignis, über das berichtet wird, stattgefunden hat. Der ideale Nachrichtenverlauf sieht vor, dass morgens vor allem Themen vom Vorabend aufgegriffen werden und eher vorausblickend berichtet wird, während die Themen im Laufe des Tages immer aktueller werden und meistens vom gleichen Tag sein sollten (vgl. Schönbach/Goertz 1995: 14 & Berg/Kiefer 1992: 56ff.). Daher erfasst diese Studie mehrere Faktoren, die sich auf Zeit beziehen: Zum einen wird sowohl die Dauer der Meldung insgesamt erfasst, zum anderen die Dauer, die davon auf den Sprecher entfällt. So lässt sich analysieren, wie groß die Anteile des Sprechers an der Meldung sind und wie hoch die des Korrespondenten oder des Akteurs, der im O-Ton vorkommt. Zudem können Durchschnittswerte für die Meldungslänge errechnet werden.

Außerdem gibt es eine Variable, die einordnet, wann das Ereignis stattfand. Dabei wird zwischen aktuellen Ereignissen unterschieden, die bis zu einer Woche alt sind, hochaktuellen Ereignissen vom selben Tag und vorausgreifender Berichterstattung. Daneben gibt es noch andere Möglichkeiten wie saisonale Berichterstattung oder historisch motivierte Nachrichten, z.B. Jahrestage, die in der Auswertung aber unter „Sonstiges“ ausgewiesen werden.

3.3.2 Faktoren hinsichtlich der Wirkungsabsicht

Die Studie bietet außerdem aufschlussreiche Informationen über den Meldungscharakter bzw. deren Wirkungsabsicht für die vier untersuchten Programme. Untersucht wird, ob es sich um Hard- oder Softnews handelt, wie der Einstieg in die Meldung gestaltet ist und ob eine Bewertung oder eine Personalisierung vorliegt. Außerdem soll geprüft werden, ob Musikbetten oder Verpackungselemente zum Einsatz kommen. Zunächst gibt es eine Variable zur Art der Meldung: Hier wird unterschieden, ob es sich um Hard- oder Softnews handelt. Die Einordnung der Themen hierzu fand auf Grundlage der Definition von Siegfried WEISCHENBERG statt:

Bei Hardnews stehen die Nachrichtenfaktoren „Bedeutung“ bzw. „Einfluss“ wegen des Ausmaßes der Konsequenzen im Vordergrund. Meist haben sich die Ereignisse in den letzten 24 Stunden abgespielt. Die Meldung ist nach dem Prinzip der umgekehrten Pyramide aufgebaut. Anfang und Ende des Ereignisses kann man klar abgrenzen, wie es meistens im Sachgebiet „Politik" der Fall ist (vgl. Weischenberg 2001: 182f.).

Softnews dagegen haben keinen festgelegten Aufbau und enthalten erzählende Elemente. Zudem sind Softnews zeitlich nicht immer vollständig fassbar und gehören der Rubrik „human interest" an (vgl. Weischenberg 2001: 182f.). Dazu gehören u.a. die Themenbereiche Sport, Prominente, Lifestyle oder unterhaltsame Geschehnisse.

Hierbei traten immer wieder Probleme auf: So wurden harte Themen durch einen spielerischen Einstieg von der Nachrichtenredaktion aufgeweicht. In solchen Fällen wurde abgewogen, was bei der jeweiligen Meldung im Vordergrund stand. Beim Einstieg in die Meldung unterscheidet die Studie zwischen einem klassischen Leadsatz und einem spielerischen Einstieg, z.B. mit einer Frage.

> „*Der Lead gibt Antwort auf die Frage, die das Publikum vermutlich als erste zum jeweiligen Thema stellen würde. [...] Der Lead-Stil ist das Gegenteil von Chronologie. Mag die Sitzung noch so viele Tagesordnungspunkte gehabt und noch so lange gedauert haben, der Lead bringt das Wichtigste und nimmt keine Rücksicht darauf, ob es in Punkt 2 oder Punkt 17 der Tagesordnung oder vielleicht in der Zusammenfassung beider Punkte steckt*" (La Roche 2008: 94f.).

Alle Einstiegssätze, die diesen Regeln entsprachen wurden als „klassischer Leadsatz" erfasst. Alles was davon abwich, wurde als „spielerischer Einstieg" gewertet. Der Leadsatz wird der traditionellen Nachrichtenschule zugeordnet. Weichen die Sender von diesem Prinzip ab, wollen sie damit normalerweise eine bestimmte Wirkung erzielen. Die Unterschiede sind oft gravierend. Ein Beispiel für einen klassischen Leadsatz könnte sein: „In einer Münchner Wohnung haben Zollfahnder gestohlene Bilder im Wert von etwa einer Milliarde Euro sichergestellt". Ein spielerischer Einstieg zu diesem Thema könnte so aussehen: „Es ist ein Sensationsfund, den der Zoll in München gemacht hat". Der Unterschied liegt nun auch darin, dass sich im spielerischen Satz eine Wertung mit eingeschlichen hat. Zweifelsohne ist ein Bilderfund im Wert von einer Milliarde Euro als „Sensation" einzustufen, dennoch wird dem Hörer damit diktiert, wie er die Nachricht zu bewerten hat. Dieses Beispiel soll aber nicht darüber hinwegtäuschen, dass auch Leadsätze sehr forsch formuliert sein können.

Die Untersuchung unterscheidet in Sachen Wertung zwischen neutralen Meldungen, in denen keine Bewertung stattfindet, Meldungen mit sogenannten neutralen Wertungen, die von der Allgemeinheit so getragen werden, und starken, nicht neutralen Wertungen. Ebenfalls beobachtbar ist, dass Nachrichten immer wieder personalisierte Meldungen enthalten, z.B. mithilfe von Formulierungen wie: „bei uns in Bayern". Damit sind die Meldungen auf den Hörer personalisiert. Es geht aber auch anders: So gibt es Meldungen, die ein Thema auf eine bestimmte Personengruppe personalisieren, beispielsweise wenn es um den Landärztemangel geht und dann ein O-Ton von einem betroffenen Arzt gespielt wird. Dadurch stellt die Meldung die Situation eher aus der Sicht der Ärzte dar und nicht aus Patientensicht. Diese Studie stellt fest, ob bei den untersuchten Sendern Personalisierungen vorkommen und wie stark diese ausgeprägt sind. Eine Meldung wurde als „stark personalisiert" eingestuft, wenn gleich mehrere Personalisierungen gefunden worden sind.

Prüfauftrag 9) erfordert Ermittlungen, wie die vier Sender Musikbetten einsetzen. Das Untersuchungskonzept sieht vor, zu prüfen, ob unter der erfassten Meldung ein Musikbett läuft oder nicht. Ebenfalls zu prüfen ist, ob in den Nachrichten Verpackungselemente gespielt werden, z.B. ein Sporttrenner. Als Verpackungselemente werden dabei nur akustische Elemente gewertet, die die Stimme der Station Voice enthalten und etwas ankündigen. Rein akustische Trenner bleiben unberücksichtigt.

3.3.3 Räumliche Faktoren

Besonders spannende Ergebnisse dürfte die räumliche Einordnung der Meldungen liefern. Die Studie unterscheidet dabei zwischen dem Ursprungs- und dem Bezugsort einer Meldung. Der Ursprungsort ist der Ort, an dem das Ereignis, über das berichtet wird, auch tatsächlich stattfindet bzw. stattgefunden hat. Oftmals stellen die Nachrichtenredaktionen aber auch einen Bezug zu einem anderen Raum her, beispielsweise zum eigenen Sendegebiet, oder die Nachricht an sich beinhaltet bereits zwei Räume. So finden die Koalitionsverhandlungen zur Bildung einer großen Koalition auf Bundesebene in Berlin statt. „Berlin" wäre somit der Ursprungsort. Die Entscheidungen, die dort gefällt werden, beziehen sich aber meistens auf ganz Deutschland. „Deutschland" wird damit zum Bezugsraum. Diese Studie hat Ursprungs- und Bezugsraum sehr kleinteilig analysiert. Um die Ergebnisse jedoch aussagekräftiger zu machen, werden sie zusammengefasst und für jedes der beiden untersuchten Bundesländer getrennt voneinander ausgewiesen: Für die hessischen Sender wird angezeigt, wie viele Meldungen anteilig aus Hessen, wie viele aus Deutschland und wie viele aus dem Rest der Welt kommen. Dies gilt auch für die bayerischen Programme, wobei hier natürlich die Aufteilung „Bayern", „Deutschland" und „Welt" vorgenommen wurde. Wenn ein Ereignis aus München auf einem der hessischen Programme thematisiert wurde, so wurde die Meldung mit Ursprungsort „Deutschland" erfasst. Lief sie aber auf einer bayerischen Welle, dann mit Ursprungsort „Bayern". Entsprechendes gilt, wenn ein Sender aus Bayern über ein hessisches Ereignis berichtet hat.

3.3.4 Interaktive Faktoren

Nicht nur im moderativen Programm, auch in den Nachrichten können die Sender interaktive Elemente verwenden, vor allem in Form von sogenannten „Teasern". Ein Teaser ist ein Verweis für das Publikum auf weiterführenden Content, beispielsweise auf einen späteren Sendeplatz oder ein anderes Medium. Es gibt dabei Teaser, die das Publikum auf die Homepage des Senders oder auf eine andere Webseite schicken, wo es dann vertiefende Informationen zu einem Thema erhält. Zudem kann aber auch auf die laufende oder eine spätere Sendung verwiesen werden, etwa wenn das Thema dann nochmals vom Moderator aufgegriffen wird. Gerade bei den öffentlich-rechtlichen Anstalten würde es sich anbieten, dass sie auf ein anderes BR-oder HR-Radioprogramm verweisen, aber auch auf das Bayerische bzw. das Hessische Fernsehen oder auf „Das Erste".

In diesem Zusammenhang wird auch geprüft, ob in der untersuchten Meldung der eigene Sendername genannt wird. Dies kann zum einen darauf hindeuten, dass etwas exklusiv recherchiert wurde und es dem Hörer auch kenntlich gemacht werden soll bzw. dass der Sender einen eigenen Reporter auf ein Thema angesetzt hat und die Informationen deshalb besonders verlässlich sind. Zum anderen kann so vor allem auf Eigenwerbung geschlossen werden.

Untersucht wurde in der Kategorie tatsächlich nur der eigene Sendername. Formulierungen wie: „Peter Müller sagte dem Hessischen Rundfunk" blieben dabei unberücksichtigt, weil es um den Sender als Marke gehen soll. Sobald der Name entweder in einer An- oder Abmoderation bzw. im Text des Sprechers enthalten war oder ein Reporter ihn genannt hat, wurde die Namensnennung registriert.

3.3.5 Akteure

Akteure der Meldung können namentlich genannte Einzelpersonen und Unternehmen, überregionale oder regionale Gruppen (z.B. Parteien oder Initiativen) oder Institutionen (z.B. Polizei, Max-Planck-Institut) sein, die inhaltlich im Nachrichtentext – entweder in dem eines Korrespondenten oder im Text des Sprechers – vorkommen. Manchmal sind Nachrichten etwas ungenau und die Akteure der Meldung können nicht exakt bestimmt werden. Etwa wenn von „den Besuchern" oder „den Menschen dort" die Rede ist. Untersucht werden pro Meldung immer der erst- und der zweitgenannte Akteur, weil anzunehmen ist, dass diese – gemäß dem Leadsatz-Prinzip (vgl. La Roche 2008: 94ff.) – auch die wichtigsten sind. Das gilt auch, wenn der Einstieg in die Meldung spielerisch ist, denn auch dann kommen die wichtigsten Informationen normalerweise zum Beginn. Waren die Akteure nicht genau bestimmbar, so wurde das entsprechend erfasst.

Ähnlich wurde mit den Korrespondenten verfahren, die ebenfalls in gewisser Weise Akteure sind, jedoch nur passiv. Erfasst wurden das Geschlecht des Korrespondenten und die Ausprägung seines Dialekts, falls vorhanden. Als hörbarer Dialekt wurde gewertet, wenn der Korrespondent beispielsweise das „r" gerollt hat. Sobald auch regionales Vokabular verwendet wurde, galt der Dialekt als „stark ausgeprägt".

Auch der Sprecher selbst ist ein passiver Akteur der Meldung, der die Informationen als Vermittler an sein Publikum weitergibt. Hier wurde nur das Geschlecht festgehalten, weil davon auszugehen ist, dass Nachrichtensprecher keinen Dialekt sprechen. Der Höreindruck nach der Analyse von einhundert Sendungen aus vier Programmen bestätigt das.

3.3.6 Thematische Faktoren

Von größter Relevanz sind natürlich die Themen, die in den Nachrichtenmeldungen behandelt werden. Sie sind schließlich der Grund, weshalb Nachrichten gesendet werden. Die Studie analysiert deswegen das Hauptthema sowie ein Bezugsthema, sofern vorhanden. Auch der Grund der Berichterstattung ist analysiert worden.

Zur thematischen Analyse wurden die Meldungen zunächst einem Hauptthema zugeordnet. Zur Auswahl standen die verschiedensten Politikrichtungen, der Themenkomplex „Verbrechen/Kriminalität/Justiz", gesellschaftlich relevante Themen, Wirtschaft sowie andere Sachgebiete, von denen davon auszugehen war, dass sie häufig Gegenstand der Nachrichten sind. Die genauen Themenkomplexe wurden nach einem Pre-Test entsprechend ausgewählt und dort zusammengefasst, wo es sinnvoll schien.

In den meisten Fällen kam es vor, dass die Nachrichten zudem Bezug auf ein zweites Sachgebiet nahmen. Um dem Rechnung zu tragen und um ein besseres thematisches Gesamtbild der Nachrichten zu erhalten, gab es noch die Möglichkeit, ein Bezugsthema zu erfassen, das für die zu untersuchende Meldung allerdings von geringerer Relevanz war als das Hauptthema selbst.

Neben dem Thema wurde auch der Berichterstattungsgrund ermittelt. In einigen Fällen kam es vor, dass dieser gar nicht genannt wurde. In manchen Fällen konnte aber deutlich auf den Grund geschlossen werden. War das nicht der Fall, so berief sich der Sender manchmal auf ein anderes Medium, was dann entsprechend als Alternative für den tatsächlichen Auslöser erfasst werden konnte.

3.3.7 Darstellungsformen

Jede zu untersuchende Meldung wurde auch einer Darstellungsform zugeordnet. Hier bestand zum einen die Möglichkeit, die Meldung als reine Sprechernachricht ohne angefügtes Element zu erfassen, zum anderen konnten die Elemente mitgewertet werden. Elemente wären z.B. O-Töne, Korrespondentenberichte, ein Kollegengespräch zwischen dem Sprecher und einem Redakteur, ein Interview zwischen dem Sprecher und einem Experten oder Betroffenen, sowie ein Nachrichtenaufsager. Der Unterschied zwischen Aufsager und Korrespondentenbericht besteht darin, dass der Aufsager von einem Redakteur erkennbar am Nachrichtentisch produziert wurde. Dieser Nachrichtenredakteur war in der Regel nicht vor Ort, hat aber durch Recherche (Telefonate, Korrespondentenberichte, Internet, andere Medien) ein vertiefendes Element für die Nachrichten geschaffen (vgl. La Roche/Buchholz 2004: 89ff.). Für die Hörer ist es äußerst schwierig, den Unterschied zwischen einem Korrespondentenbericht und einem Aufsager zu erkennen. Viele Redaktionen arbeiten an dieser Stelle auch mit dem Unwissen ihres Publikums. Ist ein Reporter tatsächlich vor Ort, so wäre es nur normal, wenn im Hintergrund entsprechende Geräusche zu hören sind. Das sind sie in den meisten Fällen jedoch nicht, und diese Erkenntnis gilt auch für die Reporterstücke der Korrespondenten. Der Grund ist, dass viele Korrespondenten das Nachrichtenelement im schalldichten Studio vertonen, egal ob sie tatsächlich vor Ort waren oder nicht. Der Hörer kann deswegen kaum erkennen, ob der Sender vor Ort berichtet oder aus dem Studio. Es ist gängige Praxis, den Korrespondenten aus dem zuständigen Regionalstudio mit einem Nachrichtenthema zu beauftragen und das Ganze dann als Korrespondentenbericht zu verkaufen. Dabei kommt es vor, dass der Korrespondent ebenfalls nur vom Studio aus produziert und nicht vor Ort ist. In dem Fall ist der Korrespondentenbericht eigentlich nichts anderes als ein Aufsager, der genauso gut am Nachrichtentisch hätte recherchiert werden können. Dieser Praxis bedienen sich sowohl private als auch öffentlich-rechtliche Anstalten. Als Maßstab für die Beurteilung wurde deswegen folgendes festgelegt: Egal ob Hintergrundgeräusche zu hören sind oder nicht – moderiert sich der Sprecher eines Elements mit einer Ortsmarke ab oder wird dieser vom Nachrichtensprecher als Regionalreporter anmoderiert, so wurde das Element als Korrespondentenbericht gewertet. Dabei gibt es zwei Modelle: Einige Sender bevorzugen es, ihre Redakteure bzw. Korrespondenten vom Sprecher anmoderieren zu lassen. Andere wählen die Möglichkeit, dass sich der Korrespondent oder der Redakteur selbst abmoderiert. Beispiel für die Abmoderation eines Korrespondenten: „Peter Müller, Berlin" oder „Aus Nürnberg, Peter Müller, Sender XY in Mittelfranken". Die Anmoderationen des Sprechers lauteten oft wie folgt: „Aus Kassel, Sender-XY-Nordhessen-Reporter Peter Müller" oder „Peter Müller, Sender XY Berlin". Bei der Anmoderation für einen Aufsager hingegen lassen die Nachrichtensprecher üblicherweise die Ortsmarke weg: „Sender-XY-Reporter Peter Müller". Eine Abmoderation sieht dann in der Regel so aus: „Peter Müller, Nachrichten".

3.3.8 Themenuntersuchung und Kriterien

Wie bereits beschrieben, wurden die Themen der Meldungen ein bis zwei Sachgebieten bzw. Themenkomplexen zugeordnet. Im Erhebungszeitraum zwischen dem 4. November 2013 und dem 14. November 2013 gab es allerdings zehn Themen, welche die Nachrichtenlage medienübergreifend geprägt haben und sich deswegen für eine gründlichere Untersuchung angeboten haben:

1) Koalitionsverhandlungen über große Koalition in Berlin
2) SPD-Bundesparteitag in Leipzig

3) Ex-Bundespräsident Wulff steht in Hannover vor Gericht
4) Taifun auf den Philippinen
5) NSU-Prozess in München
6) NSA-Spähaffäre
7) Atomgespräche mit dem Iran
8) „Pille danach" soll rezeptfrei werden
9) Steueraffäre um Uli Hoeneß
10) Naziraubkunst in München gefunden

Diese Themen wurden mithilfe der Statistik-Software SPSS gesondert erfasst und einer etwas genaueren Analyse unterzogen. So wurde beispielsweise der Themenaspekt offen codiert und anschließend qualitativ ausgewertet, damit nachvollzogen werden kann, welcher der vier Sender welches Thema wann und mit welchem Themenaspekt in den Hauptnachrichten gebracht hat.

Als Kriterium für die Auswahl dieser Themen war relevant, dass sie entweder schon vor dem Analysezeitraum die Nachrichtenlage mitbestimmt haben und davon auszugehen war, dass sich daran auch nichts ändern würde (Themen 1, 5, 6, 9). Andere Themen kamen im Untersuchungszeitraum auf und waren auf mindestens drei der vier Sender ein Thema (Themen 4, 8, 10). Die Themen 2, 3 und 7 standen bereits vor der Untersuchung auf den Planungs-Agenden der vier Sender. Deshalb war es naheliegend, dass sie im Analysezeitraum zum Nachrichtenthema werden. Entscheidend für die Auswahl war auch, dass die Themen allesamt von mehreren Seiten betrachtet werden können und so Spielräume da sind, sie kontrovers und in sämtlichen Darstellungsformen mit möglichst vielen Aspekten zu beleuchten.

4 Ergebnisse und Vergleich

Im folgenden Kapitel werden die Ergebnisse der Studie vorgestellt. Dabei geht es besonders darum, die vier Sender miteinander zu vergleichen und zu prüfen, inwiefern die aufgestellten Annahmen zutreffen.

4.1 Überprüfung der Annahmen

In einem ersten Schritt geht es darum, die formulierten Annahmen zu prüfen, die sich aus den Studien von Christoph HAAß aus dem Jahr 1994, sowie aus den Untersuchungen von Helmut VOLPERS, Detlef SCHNIER und Christian SALWICZEK aus dem Jahr 2005 und Klaus SCHÖNBACH und Lutz GOERTZ aus dem Jahr 1995 ergeben haben. Anschließend werden die weiteren Ergebnisse dieser Studie präsentiert.

4.1.1 Zeitliche Überprüfung

Als wesentliches Qualitätsmerkmal von Radionachrichten gelten ihre Ausführlichkeit und ihre Tiefe. Gemessen wurden diesbezüglich die durchschnittliche Nettolänge der Nachrichten insgesamt, sowie die Länge der einzelnen Meldungen. Anschließend sollte herausgefunden werden, wie viel Anteil der Sprecher an der durchschnittlichen Meldung hat. Folgende Annahmen konnten hierfür aufgestellt werden:

1) *Die Meldungen bei HIT RADIO FFH sind im Durchschnitt 33 Sekunden lang. HR-Meldungen sind im Schnitt 49 Sekunden lang (vgl. Haaß 1994: 100).*
6) *Die Nachrichten der öffentlich-rechtlichen Wellen sind durchschnittlich länger (vgl. Volpers/Schnier/Salwiczek 2005: 123 & 161–180).*
7) *Die einzelnen Meldungen in den Nachrichten der öffentlich-rechtlichen Wellen sind zudem länger (vgl. Volpers/Schnier/Salwiczek 2005: 123 & 161–180).*
8) *Die durchschnittliche Länge einer Meldung liegt bei 35 Sekunden (vgl. Schönbach/Goertz 1995: 19).*

Zunächst ein Vergleich der Nettogesamtlänge der Nachrichten:

Sender	Nettogesamtlänge in Minuten und Sekunden
ANTENNE BAYERN	03:12 Minuten
BAYERN 3	03:02 Minuten
HIT RADIO FFH	02:43 Minuten
hr3	02:44 Minuten
Durchschnitt	02:55 Minuten

Tabelle 1: Nettogesamtlänge der Nachrichten bei den einzelnen Sendern

Dabei fällt auf, dass die insgesamt längsten Nachrichten auf ANTENNE BAYERN laufen und zwar mit durchschnittlich 03:12 Minuten (vgl. Tab. 1). Die Nachrichten beim Konkurrenten BAYERN 3 sind mit 03:02 Minuten im Durchschnitt etwa zehn Sekunden kürzer. Damit führt der Privatsender gegenüber der öffentlich-rechtlichen Welle, was die Nettogesamtlänge der Nachrichten angeht. Füllelemente wurden nicht gemessen, es geht hierbei lediglich um die Meldungen selbst. Besonders überraschend ist, dass die beiden hessischen Servicewellen wesentlich kürzere Nachrichten anbieten, als dies in Bayern der Fall ist. Die Nachrichten auf HIT RADIO FFH sind dabei mit 02:43 Minuten am kürzesten, die hr3-Nachrichten sind jedoch mit 02:44 Minuten nicht signifikant länger. Um das Ergebnis zu verstehen und bewerten zu können, ist es allerdings notwendig, die Dauer der durchschnittlichen Meldung auf den jeweiligen Sendern zu kennen:

Sender	Gesamtdauer/Meldung in Sek.	Sprecher ohne Element in Sek.
ANTENNE BAYERN	31,62	13,34
BAYERN 3	36,34	20,20
HIT RADIO FFH	32,29	15,87
hr3	32,01	18,48
Durchschnitt	32,98	16,79

Tabelle 2: Gesamtdauer der Durchschnittsmeldung und durchschnittliche Sprechdauer des Nachrichten-Anchors bei den einzelnen Sendern

Jetzt lassen sich die Werte für die Gesamtlänge besser erklären. Die durchschnittlich längsten und ausführlichsten Meldungen bekommen die Hörer von BAYERN 3. Dort sind die Meldungen einzeln betrachtet mit 36,34

Sekunden am ausführlichsten (vgl. Tab. 2). Die Meldungen auf ANTENNE BAYERN sind hingegen mit nur 31,62 Sekunden am kürzesten.

Blickt man nun auf die Anzahl der Meldungen, so wird klar warum die ANTENNE-BAYERN-Nachrichten dennoch insgesamt länger sind: ANTENNE BAYERN bringt zwar durchschnittlich mehr Meldungen in den Nachrichten. Diese sind dafür aber in der Regel um etwa fünf Sekunden kürzer als beim Konkurrenten BAYERN 3. In den 25 untersuchten ANTENNE-BAYERN-Sendungen waren 152 Meldungen enthalten (6,08/Nachrichtensendung), während in den BAYERN 3-Nachrichten nur 125 zu finden waren (5,00/Nachrichtensendung). Die insgesamt längere Nachrichtensendung bei ANTENNE BAYERN kommt also dadurch zustande, dass im Durchschnitt eine Meldung mehr gesendet wird, als bei BAYERN 3 (vgl. Tab. 1 & 2).

In Hessen sind die Meldungen auf HIT RADIO FFH mit 32,29 Sekunden ein wenig länger als auf hr3 mit 32,01 Sekunden (vgl. Tab. 2). Die Anzahl der in den Nachrichten enthaltenen Meldungen ist relativ identisch. Auf HIT RADIO FFH liefen in 25 Sendungen 126 Meldungen (5,04/Nachrichtensendung), auf hr3 waren es 128 (5,12/Nachrichtensendung). Beide Befunde führen nun dazu, dass die Nettogesamtlänge der beiden Sender sehr ähnlich ist (vgl. Tab. 1 & 2).

Bei der Sprechdauer des Nachrichtenmoderators sticht wiederum BAYERN 3 heraus. Seine Redezeit fällt dort mit 20,20 Sekunden am längsten aus (vgl. Tab. 2). Mit 13,34 Sekunden bleibt den Sprechern auf ANTENNE BAYERN am wenigsten Raum. Paradox scheint deswegen, dass die vier Meldungen, die dem Sprecher mit 51, 46, 45 und 44 Sekunden am meisten Platz gelassen haben, allesamt Aufmachermeldungen von ANTENNE BAYERN waren. Auch die insgesamt längste Meldung mit 73 Sekunden lief auf ANTENNE BAYERN. Deswegen sollte an dieser Stelle angemerkt werden, dass aufgrund der sogenannten „Bayernreporter", die bei ANTENNE BAYERN in der Regel rund 50 % der Nachrichten ausmachen, das statistische Manko der kurzen Sprecherdauer bewusst in Kauf genommen wird. Die Korrespondentenstücke der Reporter sind selbsterklärend und bedürfen deswegen keiner Anmoderation. In den ersten drei Meldungen, in denen der Sprecher tatsächlich auftritt, dürfte ihm in etwa doppelt so viel Raum gelassen werden, wie hier ausgewiesen. Dies wurde jedoch nicht genauer untersucht. Bei hr3 ist der Anteil des Sprechers mit 18,48 Sekunden ein wenig länger als auf HIT RADIO FFH, wo dem Sprecher durchschnittlich 15,87 Sekunden eingeräumt werden (vgl. Tab. 2).

Was aber nicht unerwähnt bleiben sollte: Die Differenz zwischen dem Wert des Sprechers und dem Wert der Gesamtdauer der Durchschnittsmeldung ist die Zeit, die die angefügten Elemente, wie O-Töne oder Korrespondentenberichte, beanspruchen. Nachdem aber bei weitem nicht jede Meldung ein solches Element beinhaltet, können aus den ausgewiesenen Zahlen keine Werte für die angefügten Elemente abgeleitet werden.

Sendezeit	Vom heutigen Tag	Vorausgreifende Berichterstattung	Bis zu einer Woche alt	Sonstiges	Insgesamt
6 Uhr	11	32	48	18	109
8 Uhr	16	31	42	17	106
12 Uhr	63	7	20	15	105
14 Uhr	74	13	7	11	105
16 Uhr	86	8	6	6	106
Insgesamt	250	91	123	67	531

Tabelle 3: Sendezeit und Aktualität der Meldungen

Klaus SCHÖNBACH und Lutz GOERTZ haben in ihrer Untersuchung über Präsentationsformen im Hörfunk den idealtypischen Nachrichtenverlauf beschrieben (vgl. Schönbach/Goertz 1995: 14). Darin erklären sie, dass Nachrichten prinzipiell im Laufe des Tages aktueller werden. Am Morgen sollten noch Meldungen dominieren, die meistens vom Vortag sind, ebenso wie Meldungen, die vorausgreifend informieren. Diese Art der Berichterstattung sollte jedoch bis zum Abend hin nachlassen. Nach und nach sollten die älteren Meldungen durch Tagesaktuelles ersetzt werden (vgl. ebd.).

Der beschriebene Verlauf lässt sich auch im Hauptnachrichtenprogramm der vier untersuchten Sender nachweisen: Um 16 Uhr waren im Untersuchungszeitraum 86 aller 106 Meldungen tagesaktuell, während morgens um sechs Uhr nur elf der 109 Meldungen vom selben Tag waren (vgl. Tab. 3). Morgens um sechs Uhr dominieren also generell Meldungen, die bereits etwas älter sind, und die vorausgreifende Berichterstattung. Um zwölf Uhr sind dann etwa drei der in der Regel fünf ausgestrahlten Meldungen tagesaktuell.

Dieser Nachrichtenverlauf ist aus drei Gründen logisch nachvollziehbar. Erstens ereignen sich nachts eher wenig nachrichtentaugliche Ereignisse, weshalb die Redaktionen auf Älteres angewiesen sind. Zweitens beginnen die meisten Menschen erst ab acht Uhr ihren Arbeitstag. Zuvor werden keine Pressemitteilungen versendet, und die Ansprechpartner stehen noch nicht für ein Interview zur Verfügung. Oft ist es erst dann möglich, eine Nachricht zu bringen, wenn der Redaktion eine entsprechende Recherche gelungen ist, selbst wenn bereits Agenturmeldungen über den Nachrichtenticker – z.B. von der dpa, Reuters oder anderen Agenturen – eingetroffen sind. Nachts oder früh morgens ist recherchieren somit nur stark eingeschränkt möglich. Drittens wünschen die Hörer morgens lediglich zu wissen, *„ob sich in der Nacht etwas Wesentliches ereignet hat oder ob die Welt noch so ist, wie sie am Abend zuvor war"* (Schönbach/Goertz 1995: 14).

Ein Blick auf die formulierten Annahmen: Am Umfang der Meldungen in den FFH-Nachrichten hat sich seit 1994 offenbar kaum etwas verändert. Sie sind durchschnittlich 32,29 Sekunden lang, was nicht besonders von den vermuteten 33 Sekunden abweicht, die Christoph HAAß bereits ermittelt hat. Die hr3-Meldungen sind mit 32,01 Sekunden jedoch deutlich kürzer als die 49 Sekunden, die im Raum standen. Das liegt entweder daran, dass sich der Hessische Rundfunk im Zuge der Konvergenz an HIT RADIO FFH angeglichen hat oder aber daran, dass dieser Wert auch aus Meldungen anderer HR-Sender ermittelt wurde. Annahme 1) kann damit nur teilweise belegt werden.

Annahme 6), die davon ausgeht, dass die Nachrichten im öffentlich-rechtlichen Rundfunk länger sind, lässt sich hingegen nicht bestätigen. Was ANTENNE BAYERN und BAYERN 3 betrifft, sind die Nachrichten des Privatsenders sogar länger als die des öffentlich-rechtlichen Programms. Zwischen HIT RADIO FFH und hr3 lässt sich jedoch kein signifikanter Unterschied ausmachen. Somit lässt sich für die untersuchten Sender aussagen, dass die Nachrichten im öffentlich-rechtlichen Rundfunk nicht länger sind als die im privaten Rundfunk.

Annahme 7), die besagt, dass die einzelnen Meldungen in den öffentlich-rechtlichen Programmen länger sind, lässt sich jedoch zumindest für die bayerischen Sender bestätigen. Allerdings sind die Meldungen aller untersuchten Programme im Durchschnitt auch nicht 35 Sekunden lang, sondern nur knapp 33. Annahme 8) ist damit nicht vollständig zutreffend.

4.1.2 Überprüfung der Wirkungsabsicht

Aus der Literatur haben sich folgende Annahmen ableiten lassen:

2) *Die Leadsätze bei FFH haben oft einen „forscheren, ‚sensationelleren' Charakter als die des HR" (Haaß 1994: 101).*

9) *Die Anmutung eines Programms sagt nichts über das Informationsangebot in den Nachrichten aus, z.B. ein Musikbett unter den Nachrichten (vgl. Volpers/Schnier/Salwiczek 2005: 122).*

Um diese Annahmen zu überprüfen, wurden die Leadsätze der zu untersuchenden Nachrichtenprogramme, sowie die Art der Meldungen analysiert. Handelt es sich um Hard- oder Softnews? Außerdem ging es darum, herauszufinden, wie die Sender den Einstieg in die Meldung gestalten – klassisch nach dem Leadsatzprinzip oder spielerisch? Sind die Meldungen personalisiert und liegen Bewertungen vor? Und: Wie gehen die Programme mit Musikbetten und Verpackungselementen um?

Sender	Hardnews-Anteil in %	Softnews-Anteil in %
ANTENNE BAYERN	53,3	46,7
BAYERN 3	86,4	13,6
HIT RADIO FFH	58,7	41,3
hr3	76,6	23,4

Tabelle 4: Anteil von Hardnews bzw. Softnews bei den einzelnen Sendern

Die meisten Hardnews-Meldungen laufen in den Nachrichten von BAYERN 3. Der Anteil liegt dort bei 86,4 % (vgl. Tab. 4). Der Sender mit dem niedrigsten Hardnews-Anteil ist ANTENNE BAYERN. Der Anteil an Softnews-Meldungen (46,7%) ist dort beinahe so hoch wie der Hardnews-Anteil (53,3%) (vgl. ebd.).

Vergleicht man dieses Ergebnis aus Bayern mit den hessischen Sendern, so ist festzustellen, dass auch hier der Privatsender deutlich mehr Softnews in den Nachrichten sendet als Konkurrent hr3. Dennoch sind bei HIT RADIO FFH deutlich mehr als die Hälfte der Meldungen Hardnews (58,7%), bei hr3 sind es 76,6 % und damit entscheidend weniger als bei BAYERN 3 (vgl. ebd.).

Dem Gebot, die Softnews-Meldungen eher zum Ende der Nachrichten zu bringen kommen die Sender insgesamt nach: Bei den ersten vier Meldungen in den Nachrichten handelt es sich in den meisten Fällen um Hardnews. Erst danach überwiegen die Softnews (vgl. Anhang Tabelle 1). Interessant ist jedoch, dass nicht etwa die Aufmachermeldung den höchsten Hardnews-Anteil hat, sondern die zweite Nachrichtenmeldung. Auf Position zwei liefen – alle vier Sender eingerechnet – zu 93 % Hardnews (vgl. ebd.). Es sollte jedoch nicht unerwähnt bleiben, dass alle Sender in der Regel nur fünf Meldungen in den Nachrichtensendungen haben, lediglich bei

ANTENNE BAYERN sind es normalerweise sechs. Eine siebte Meldung kam so gut wie nie vor.

Ein Paradebeispiel für das klassische Leadsatzprinzip bekommen die Hörer von hr3. Dort beginnen mit 96,9 % nahezu alle Meldungen mit einem klassischen Leadsatz (vgl. Anhang Tabelle 2). Nun könnte man vermuten, dass der zweite öffentlich-rechtliche Sender BAYERN 3 mit einem ähnlich hohen Wert aufwarten kann. Dem ist aber nicht so. Trotzdem beginnen bei BAYERN 3 fast zwei Drittel (65,6%) der Meldungen mit einem klassischen Leadsatz und etwas mehr als ein Drittel spielerisch (vgl. ebd.). Im Nachrichtenprogramm von ANTENNE BAYERN bietet sich dem Hörer ein umgekehrtes Bild. Hier beginnen 65,1 % der Meldungen spielerisch und 34,9 % mit einem klassischen Leadsatz. Damit sind die meisten spielerischen Meldungsanfänge bei ANTENNE BAYERN zu finden, denn bei HIT RADIO FFH sind es nur etwa die Hälfte (49,2%) – die restlichen Meldungen beginnen mit klassischen Leadsätzen (vgl. ebd.).

Festzuhalten ist auch, dass vor allem Hardnews an einen klassisch-sachlichen Leadsatz gekoppelt sind. Handelt es sich um eine harte Nachricht, dann beginnt sie zu 78,6 % mit einem Leadsatz. Auch knapp über die Hälfte der Softnews-Meldungen beginnt mit einem Einstiegssatz der alten Nachrichtenschule, aber mit 48,6 % liegt der Anteil an spielerischen Einstiegen deutlich höher (vgl. Anhang Tabelle 3).

Die meisten Nachrichtenmeldungen der untersuchten Programme enthielten keine Personalisierung. Spitzenreiter ist hier eindeutig ANTENNE BAYERN – 46,1 % der Meldungen waren personalisiert, 14,5 % davon sogar stark (vgl. Anhang Tabelle 4). Auch HIT RADIO FFH personalisiert stärker als Konkurrent hr3. In etwa jeder dritten Meldung (31,0%) ließ sich eine leichte Personalisierung feststellen, bei 6,3 % eine starke. Die Nachrichten von BAYERN 3 kommen mit sehr wenigen Personalisierungen aus: 87,2 % der Meldungen enthielten gar keine Personalisierung. Einen ähnlichen Wert erreicht hr3 (85,2%). Nur eine einzige BAYERN-3-Meldung enthielt eine starke Personalisierung, bei hr3 gar keine (vgl. ebd.).

Was Bewertungen in den Nachrichten angeht, so finden sich starke und nicht-neutrale Wertungen lediglich bei den beiden Privatsendern wieder. Neutrale Wertungen kommen auf allen der untersuchten Wellen vor – jedoch bei ANTENNE BAYERN und HIT RADIO FFH deutlich ausgeprägter als auf den beiden öffentlich-rechtlichen Wellen, dort aber auch nur Themen betreffend, bei denen es der gesunde Menschenverstand zulässt. Von mehrfacher neutraler Wertung wird weitgehend abgesehen, ebenso wie von starker und nicht-neutraler Wertung, die allenfalls in Sportmeldungen zu finden war (vgl. Anhang Tabelle 5).

Zudem kann ein Zusammenhang zwischen dem Einstieg in eine Meldung und Wertungen hergestellt werden: Beginnt eine Meldung spielerisch und nicht nach dem klassischen Schema, so ist eine gleichzeitige Bewertung des Ereignisses wahrscheinlicher. Das strenge Leadsatzprinzip bietet den Nachrichtenredakteuren weniger Möglichkeiten, eine Wertung mit einzubauen als ein spielerischer Einstieg. 88,9 % der starken Wertungen kamen in Meldungen mit spielerischem Einstieg vor (vgl. Anhang Tabelle 6).

Verpackungselemente (vgl. Anhang Tabelle 7) und Musikbetten (vgl. Anhang Tabelle 8) konnten nur bei den Privatsendern festgestellt werden. Vor den „Bayernreportern“, die in den ANTENNE-BAYERN-Nachrichten normalerweise die Hälfte der Sendung ausmachen, läuft zuvor ein entsprechender Jingle, danach läuft unter den Reporterstücken ein Musikbett bis zum Ende der Nachrichten. Zudem läuft vor jedem Stück ein Drop, der die Region ansagt, aus der berichtet wird. Entsprechend liegen sowohl der Anteil an Meldungen mit Verpackungselementen als auch der Anteil an Meldungen mit Musikbett bei annähernd 50 %.

In den FFH-Nachrichten läuft unter der Aufmachermeldung ein Musikbett aus, bis das erste Element, also entweder ein Aufsager, ein Korrespondentenbericht oder ein O-Ton, abgespielt wird. Danach laufen die Nachrichten „trocken“. Auch unter der Rubrik „Börse“, die es in den untersuchten Nachrichten jeweils um 13:55 Uhr gab, läuft ein Musikbett. Der Anteil an Meldungen mit Musikbett ist bei HIT RADIO FFH deswegen entsprechend kleiner als bei ANTENNE BAYERN, wo jede Stunde zu solchen Mitteln gegriffen wird.

Unter diesen Gesichtspunkten lässt sich Annahme 2) ganz klar bestätigen und trifft nicht nur für HIT RADIO FFH, sondern für beide Privatsender zu. Die Anteile an spielerischen Einstiegen und Wertungen in den Nachrichten sind dort signifikant höher als bei den öffentlich-rechtlichen Servicewellen. Dementsprechend „forscher“ und „sensationeller“ klingen dann die Meldungen.

Auch Annahme 9), die besagt, dass die Anmutung der Nachrichten keine Auswirkung auf deren Informationsangebot hat, kann zunächst stehen gelassen werden, soll aber ganz zum Schluss und unter Berücksichtigung aller Ergebnisse nochmal diskutiert werden. Der Softnews-Anteil nimmt zum Ende der Nachrichten auf allen untersuchten Sendern zu, nicht nur dort, wo mit Musikbetten und Verpackungselementen gearbeitet wird. Jedoch fällt auf, dass es offenbar einen Zusammenhang zwischen Softnews und einem spielerischen Einstieg in Meldungen gibt und dieser verändert auch die Anmutung der Nachrichten. Ebenso verwenden die Privatsender häufiger Wertungen und Personalisierungen, die die Anmutung ebenfalls beeinflussen. Die Frage ist, wie sich das auf das Informationsangebot auswirkt. Zunächst scheint es so, dass sich die Anmutung der Nachrichten an deren Grundausrichtung orientiert. Somit hätte eher das Informationsangebot Einfluss auf die Anmutung der Nachrichten und nicht umgekehrt.

4.1.3 Thematische Überprüfung

Hörfunknachrichten sollen ihr Publikum schnell und umfassend informieren. Die Hörer erwarten, dass sie von ihrem Sender genau das erfahren, was jetzt gerade wichtig ist. Um herauszufinden, über welche Themen die vier ausgewählten Programme am häufigsten berichten, wurden entsprechende Sachgebiete bzw. Themenkomplexe formuliert, von denen auszugehen ist, dass sie besonders relevant sind. Außerdem soll herausgefunden werden, aus welchen Gründen über ein Ereignis berichtet wird. Aus den bisherigen Studien konnten folgende Annahmen abgeleitet werden:

3) *Sowohl HIT RADIO FFH als auch der HR behandeln die Sachgebiete vom Umfang her ähnlich (vgl. Haaß 1994: 100).*
4) *FFH berichtet ausführlicher über Sportereignisse (vgl. Haaß 1994: 100).*
10) *Politische Themen werden in den Nachrichten am häufigsten gemeldet (vgl. Volpers/Schnier/Salwiczek 2005: 161–180).*

Für eine Beurteilung ist es notwendig, die Nachrichten so zu analysieren, dass die wichtigsten Themengebiete, die in den Meldungen vorkamen, möglichst vollständig erfasst werden können. Hierfür wurde zunächst das Hauptthema der Meldung bestimmt, sowie ein Bezugsthema, das ebenfalls und zumindest am Rande vorkam. Beides wird getrennt voneinander ausgewiesen, sodass eine Gewichtung vorgenommen werden kann.

Hauptthema	Anteil an den Nachrichten in %
Politik	29,8
Kriminalität/Justiz/Unfall	22,6
Wirtschaft	9,8
Sport	9,2
Umwelt/Naturkatastrophen	6,4
Gesellschaft	3,6
Religion/Kirche	3,6
Kultur	3,0
Gesundheit	2,6
Service	1,1
Börse	1,1
Pflanzen/Tiere/Botanik	0,9
Bildung/Wissenschaft	0,6
Kurioses	0,6
Gewalt/Demonstration/Protest/Ausschreitungen	0,4
Musik	0,4
Sonstiges	4,3
Insgesamt	100,0

Tabelle 5: Hauptthema und dessen Anteil an den Nachrichten

Das Hauptthema betreffend sieht die thematische Ausgestaltung der Nachrichten wie folgt aus: Tabelle 5 zeigt sehr deutlich, dass politische Themen – Annahme 10) entsprechend – am häufigsten gemeldet werden. 29,8 % der Meldungen, die im Erhebungszeitraum untersucht wurden, thematisierten politische Geschehnisse (vgl. Tab. 5). An zweiter Stelle steht der Themenkomplex „Kriminalität/Justiz/Unfall“ mit einem Anteil von 22,6 % an den Nachrichten (vgl. ebd.).

Die Ressorts „Wirtschaft“ (9,8%) und „Sport“ (9,2%) sind ebenfalls von Bedeutung. Das Ergebnis macht ziemlich deutlich, dass die Themen Politik, Kriminalität, Justiz, Unfälle, Wirtschaft und Sport die wichtigsten Säulen einer Nachrichtensendung sind. Der verhältnismäßig hohe Anteil an Meldungen aus dem Bereich „Umwelt/Naturkatastrophen“ liegt an einem schweren Taifun, der zur Protokollzeit auf den Philippinen wütete und worüber alle vier Sender berichteten (vgl. ebd.). Ein wenig überraschend scheint, dass keiner der vier Sender in den analysierten Nachrichtensendungen auch nur ein einziges Boulevard-Thema in den Nachrichten behandelt hat, obwohl das Gebiet „Boulevard“ explizit mit ins Codebuch aufgenommen wurde (vgl. ebd.).

Bezugsthema	Anteil an den Nachrichten in %
Kein Bezugsthema	24,9
Kriminalität/Justiz/Unfall	13,2
Politik	12,8
Gesellschaft	10,9
Gesundheit	6,2
Wirtschaft	6,0
Sport	3,8
Service	3,2
Umwelt/Naturkatastrophen	3,0
Gewalt/Demonstration/Protest/Ausschreitungen	2,8
Religion/Kirche	1,7
Kurioses	1,5
Bildung/Wissenschaft	1,1
Kultur	0,8
Pflanzen/Tiere/Botanik	0,6
Boulevard	0,2
Sonstiges	7,3
Insgesamt	100,0

Tabelle 6: Bezugsthema und dessen Anteil an den Nachrichten

An der Verteilung verändert sich auch kaum etwas, wenn man nur die Bezugsthemen betrachtet. Etwa jede vierte Meldung hat überhaupt kein zweites Thema, auf das sie sich bezieht. Zu den Ressorts „Politik“ und „Kriminalität/Justiz/Unfall“ wird auch häufig ein Bezug hergestellt. Dabei ist beachtenswert, dass „Kriminalität/Justiz/Unfall“ sogar noch etwas häufiger als Bezugsthema auftaucht als das Politik-Ressort (vgl. Tab. 6).

Was sehr deutlich heraussticht, ist die starke Position der gesellschaftlich relevanten Themen. Der Wert liegt für alle vier Sender zusammen bei 10,9 % der Meldungen, in denen Bezug auf die allgemeinen Probleme, Eigenheiten oder Werte und Normen der Bevölkerung genommen wurde, beispielsweise auf den demographischen Wandel. Offenbar gibt es also Themengebiete, die selten Hauptthema einer Meldung sind, auf die sich Nachrichten aber gerne beziehen. Auch das Thema „Gesundheit“ kann mit 6,2 % als solches gewertet werden (vgl. ebd.).

Auch für die einzelnen Sender hat eine Auswertung der Daten stattgefunden. Es sollen aber nur die Daten der wichtigsten Hauptthemen wiedergegeben werden. Obwohl der Themenkomplex „Umwelt/Naturkatastrophen“ aufgrund des Taifuns auf den Philippinen über sechs Prozent erreichen konnte (vgl. Tab. 5), wird er in der Auswertung nach Sendern zusammen mit den anderen Themen unter „Sonstiges“ ausgewiesen (vgl. Anhang Tabelle 9).

Was die beiden am häufigsten besetzten Ressorts „Politik“ und „Kriminalität/Justiz/Unfall“ angeht, so lässt sich eines feststellen: In den beiden öffentlich-rechtlichen Programmen steht der Bereich „Politik“ unangefochten an der Spitze der Themen. 43,2 % der Meldungen auf BAYERN 3 drehen sich hauptsächlich um Politik, in den Nachrichten von hr3 liegt der Anteil bei 40,6 %. „Kriminalität/Justiz/Unfall“ erreicht bei BAYERN 3 nur 20,8 % – bei hr3 sind es 19,5 %. Die beiden Privatprogramme hingegen berichten mehr über Kriminalität, Justiz und Unfälle als über Politik und das überraschend deutlich. Auf ANTENNE BAYERN dreht sich jede vierte Meldung (25,0 %) um eines dieser drei Themen. Das Politikfeld liegt mit 16,5 % deutlich dahinter an zweiter Stelle. Auf HIT RADIO FFH ist die Lage ähnlich: Das Ressort „Kriminalität/Justiz/Unfall“ kommt auf 24,6 %, jedoch ist der Bereich „Politik“ mit 21,4 % nicht ganz so abgeschlagen wie in den ANTENNE-BAYERN-Nachrichten (vgl. ebd.).

In Wirtschaftsthemen sind die Privatsender signifikant stärker. Sie machen dort 14,3 % (HIT RADIO FFH) und 12,5 % (ANTENNE BAYERN) der Nachrichten aus. Damit berichten die beiden Privatsender etwa doppelt so oft über Wirtschaftsthemen, verglichen mit BAYERN 3 und hr3. Die Börsennachrichten von HIT RADIO FFH sind im Bereich „Sonstiges“ enthalten und verzerren das Ergebnis nicht.

Im Bereich „Sport“ sind hr3 und ANTENNE BAYERN im jeweiligen Bundesland führend. hr3 berichtet zu 12,5 % über Sport und führt damit das Feld an. Bei ANTENNE BAYERN erreicht das Ressort „Sport“ 9,2 %, bei BAYERN 3 sind es 6,4 % und bei HIT RADIO FFH 8,7 %.

Auch die Auswertung der Gründe weshalb ein Thema überhaupt Eingang in die Nachrichten gefunden hat, deckt die Ergebnisse aus der Themenanalyse. Politische Gipfeltreffen oder Meetings sind mit 16,0 % der Hauptauslöser für eine Nachrichtenmeldung (vgl. Anhang Tabelle 10). Verbrechen, Festnahmen, Gerichtsverfahren oder Razzien liegen aber mit 15,1 % Anteil dicht auf. Politische Statements folgen auf Rang drei. Sie sind Grund für 10,9 % der Meldungen. Eine wichtige Rolle spielen auch politische oder unternehmerische Entscheidungen. 8,9 % der untersuchten Meldungen folgten auf Entscheidungen aus Politik oder Wirtschaft. Sportliche Wettkämpfe, Meinungsumfragen bzw. Studien und Naturkatastrophen (wegen des Taifuns auf den Philippinen) liegen in etwa bei fünf oder sechs Prozent (vgl. ebd.).

Thematisch gesehen bestehen durchaus Unterschiede zwischen öffentlich-rechtlichen und privaten Hörfunknachrichten. Es geht nicht darum, dass die Privatsender vollkommen andere Themen senden. Es konnte jedoch festgestellt werden, dass die Privatsender erst mit der Berichterstattung über ein politisches Thema beginnen, wenn es tatsächlich losgeht. Die öffentlich-rechtlichen Sender beginnen dagegen schon morgens damit, Vorberichte zu spielen. Demnach scheint es eine gewisse Verschiebung der Prioritäten zu geben. Während BAYERN 3 und hr3 politischen Informationen schneller eine größere Bedeutung beimessen, scheint dies bei ANTENNE BAYERN und HIT RADIO FFH erst später der Fall zu sein. Im Gegenzug werden Justiz und Unfällen größere Räume in den Nachrichten geboten.

Annahme 3), wonach der HR und HIT RADIO FFH die Sachgebiete vom Umfang her gleich behandeln, kann so also nicht stehen gelassen werden, da der HR offenbar andere Prioritäten setzt als FFH. Anders als in Annahme 4) formuliert liefen im untersuchten HR-Programm mehr Sportmeldungen als auf HIT RADIO FFH. Die Annahme ist damit widerlegt. Annahme 10) ging davon aus, dass politische Themen am häufigsten in den Nachrichten laufen. Insgesamt und über alle vier Programme betrachtet ist diese Annahme bestätigt worden. Das liegt aber nur daran, dass der Themenkomplex „Kriminalität/Justiz/Unfall" bei den öffentlich-rechtlichen Sendern so deutlich hinter dem Ressort „Politik" zurücksteht, denn bei den Privatprogrammen liegt der Politik-Bereich lediglich auf Platz zwei. Zumindest dann, wenn man die Aufteilung so vornimmt und die drei Sachgebiete „Kriminalität", „Justiz" und „Unfälle" – passenderweise – zu einem Themenkomplex zusammenfasst.

Möchte man den Begriff des umfassenden Informationsangebots erneut aufgreifen, dann muss erwähnt werden, dass es schwierig ist, unter dem Gesichtspunkt der thematischen Analyse ein Urteil zu bilden. Die beiden Säulen „Politik" und „Kriminalität/Justiz/Unfall" sind die Themenfelder, die den Hörer am meisten bewegen. Gemessen am Anteil, den diese beiden Sachgebiete in den Nachrichten einnehmen, kann abgeleitet werden, dass hier ein umfassendes Informationsangebot stattfindet. Auf der anderen Seite ist nicht zu leugnen, dass andere Bereiche, die nach neutraler Einschätzung wichtig erscheinen – beispielsweise das Gebiet „Bildung/ Wissenschaft" – nur eine verhältnismäßig kleine Rolle in den Nachrichten spielen. Ein Grund könnte aber auch sein, dass es über diese vernachlässigten Sachgebiete weniger Hochaktuelles zu berichten gibt und sie im Gegenzug in anderen Teilen des Programms aufgegriffen werden. Möglicherweise verlassen sich die Sender aber auch auf andere Medien, die diesen Mangel ausgleichen. Im Falle des Ressorts „Bildung/Wissenschaft" z.B. auf DRadio Wissen.

4.1.4 Räumliche Überprüfung

Mit einer vernünftigen Einbeziehung der wichtigsten Themengebiete in die Nachrichtensendungen ist es nicht getan. Zu einem guten und umfassenden Informationsangebot gehört es auch, nicht nur über Themen aus einem Land oder aus einer Region zu berichten. Die Nachrichtenredaktionen sollten eine ausgeglichene Verteilung der Themen vornehmen, sodass die Hörer nicht nur aus einem Berichterstattungsgebiet informiert werden, sondern eben umfassend. Folgende Annahmen konnten hierzu aufgestellt werden:

5) *FFH-Meldungen weisen öfter einen Hessen-Bezug auf, als die Meldungen des Hessischen Rundfunks (vgl. Haaß 1994: 100).*
11) *„Rezipienten, die den Hörfunk als alleinige Quelle für landesbezogene Berichterstattung nutzen, bekommen eine vergleichsweise reduzierte Information über das Landesgeschehen" (Volpers/Schnier/Salwiczek 2005: 127).*

Um diese Annahmen zu überprüfen, soll zunächst festgestellt werden, woher die Sender bevorzugt berichten. Dafür werden sie getrennt nach Kernverbreitungsgebiet untersucht. Zunächst werden die beiden bayerischen Programme miteinander verglichen, danach die hessischen. In einem ersten Schritt soll nur der Ursprungsort des Nachrichtenereignisses betrachtet werden – einmal auf globaler Ebene, damit eine Ausweisung nach Regionalthemen, Nationalthemen und Weltthemen vorgenommen werden kann. Danach findet eine kleinteiligere Analyse statt, um zu sehen, aus welchen bayerischen Regierungsbezirken bzw. hessischen Regionen die Nachrichten bevorzugt melden und wie das eigene Kernverbreitungsgebiet auf dem jeweiligen Sender repräsentiert ist. Anschließend wird nur der Bezugsort betrachtet, denn oftmals finden Ereignisse zwar an einem Ort statt, beziehen sich aber gleichzeitig noch auf einen zweiten bzw. stellen die Redakteure gezielt einen Bezug her, um die Meldung interessanter zu machen.

4.1.4.1 Ursprungsort – bayerische Sender

Zwischen den beiden Sendern ANTENNE BAYERN und BAYERN 3 besteht ein signifikanter Unterschied, betrachtet man die Verteilung der Themen nach ihrem Ursprungsort. Während die Verteilung bei BAYERN 3 vergleichsweise ausgeglichen erscheint, setzt man bei ANTENNE BAYERN stark auf bayerische Meldungen:

Ursprungsraum/ Meldung	ANTENNE BAYERN in %	BAYERN 3 in %
Bayern	68,5	28,8
Deutschland	22,1	42,4
Welt	9,4	28,8

Tabelle 7: Ursprungsraum einer Meldung und Anteil an den Nachrichten der bayerischen Sender

68,5 % der Meldungen auf ANTENNE BAYERN sind bayerischen Ursprungs und damit mehr als zwei Drittel der Nachrichten insgesamt (vgl. Tab. 7). 22,1 % der ANTENNE-BAYERN-Meldungen beruhen auf Ereignissen, die andernorts in Deutschland stattfinden. Weitere 9,4 % sind Weltnachrichten. Damit wird klar: Verglichen mit BAYERN 3 laufen auf ANTENNE BAYERN weit mehr als doppelt so viele Meldungen aus Bayern. Dort erreichen die Bayern-Meldungen einen Anteil von 28,8 % und liegen gleichauf mit den Weltnachrichten. Der Fokus liegt bei BAYERN 3 auf Nachrichten aus Deutschland (42,4%). Zusammenfassend kann also gesagt werden: Wer Aktuelles aus Bayern hören möchte, der schaltet ANTENNE BAYERN ein. Meldungen aus Deutschland und der Welt laufen häufiger auf BAYERN 3.

Schaut man, wie sich die Meldungen über die sieben Regierungsbezirke Bayerns verteilen, so lässt sich feststellen, dass über Ereignisse aus Oberbayern eindeutig am häufigsten berichtet wird (vgl. Anhang Tabelle 11). Besonders BAYERN 3 ist extrem Oberbayern-zentriert. 72,7 % der bayerischen Meldungen dort sind oberbayerischen Ursprungs. Bei ANTENNE BAYERN sind es 42,4 % der Bayern-Meldungen. Dass Oberbayern in dieser Beziehung führt, ist nicht verwunderlich, weil fast jede Meldung über die bayerische Staatsregierung oder auch über Entscheidungen des Landtags als oberbayerische Meldung erfasst wurde. Bezugsort war in diesem Fall jeweils das Bundesland Bayern insgesamt. München ist die bayerische Landeshauptstadt, und so ist ein gewisser Vorsprung Oberbayerns in den Nachrichten unvermeidbar. Der Anteil in den BAYERN-3-Nachrichten ist allerdings überraschend hoch. Auf beiden Wellen hat Schwaben den zweithöchsten Anteil mit 22,2 % an den ANTENNE-BAYERN-Nachrichten und 15,2 % auf BAYERN 3. Franken und Niederbayern sind bei ANTENNE BAYERN wesentlich besser abgebildet, als bei BAYERN 3. Die Oberpfalz ist mit 4,0 % der bei ANTENNE BAYERN am wenigsten abgebildete Bezirk. Auf BAYERN 3 taucht er so gut wie gar nicht auf (vgl. ebd.).

Die Priorisierung aus der Statistik, die die Ursprünge der Meldungen ermittelt hat, lässt sich auch in der Verteilung der Bezugsräume statistisch nachweisen (vgl. Anhang Tabelle 12). ANTENNE BAYERN stellt häufiger einen Bezug zu Gesamtbayern her, also zum Kernverbreitungsgebiet (20,4% der Meldungen) als BAYERN 3 (12,3% der Meldungen). Auffällig ist jedoch, dass die meisten Bezüge zu Deutschland hergestellt werden, sowohl in den BAYERN-3- (39,3%) als auch in den ANTENNE-BAYERN-Nachrichten (25,0%).

4.1.4.2 Ursprungsort – hessische Sender

Die überraschend deutlichen Unterschiede können in etwas abgeschwächter Form auch in Hessen nachgewiesen werden. Die Regionalkompetenz des Privatsenders HIT RADIO FFH fällt deutlich höher aus als die des öffentlich-rechtlichen Programms von hr3:

Ursprungsraum/Meldung	HIT RADIO FFH in %	hr3 in %
Hessen	42,2	22,9
Deutschland	41,4	54,2
Welt	16,4	22,9

Tabelle 8: Ursprungsraum einer Meldung und Anteil an den Nachrichten der hessischen Sender

Die hessischen Meldungen erreichen in den Nachrichten von HIT RADIO FFH einen Anteil von 42,2 %. Er liegt damit fast doppelt so hoch wie bei hr3 mit 22,9 % (vgl. Tab. 8). Jedoch ist HIT RADIO FFH, auch was Deutschland-Meldungen angeht, relativ gut aufgestellt: 41,4 % der FFH-Meldungen sind deutschen Ursprungs. Die Weltthemen haben mit 16,4 % einen eindeutig geringeren Anteil (vgl. ebd.).

Die Verteilung bei hr3 weist eine gewisse Ähnlichkeit mit BAYERN 3 auf. Allerdings ist hr3 noch Deutschland-zentrierter als die bayerische Servicewelle. 54,2 % der Meldungen sind aus Deutschland und damit über die Hälfte. Hessen- und Weltmeldungen haben je gleiche Anteile an den Nachrichten von hr3 (jeweils 22,9%), ebenso wie es in etwa bei BAYERN 3 der Fall ist. Der hohe Deutschland-Anteil drückt allerdings die Zahl der Meldungen aus Hessen und der Welt ein wenig (vgl. ebd.).

In Hessen konzentrieren sich die Ereignisse mit Nachrichtenwert auf das Rhein-Main-Gebiet. Wiesbaden ist die Landeshauptstadt und Frankfurt die größte Stadt Hessens. Beide Städte liegen im Rhein-Main-Gebiet (vgl. Anhang Tabelle 13). Es stellt also für hessische Sender eine gewisse Herausforderung dar, sich nicht zu sehr auf das Rhein-Main-Gebiet zu fokussieren. Gemessen an dem sehr hohen Wert, den BAYERN 3 für Oberbayern (einschließlich der Landeshauptstadt München) erreicht, wirken die 55,6 %, die hr3 für das Rhein-Main-Gebiet erzielt, relativ gering. In den FFH-Nachrichten sind es 40,8 % der Nachrichten, die sich im Rhein-Main-Gebiet verorten lassen (vgl. ebd.).

Im Grunde ist die Situation bezüglich der regionalen Verteilung ähnlich wie in Bayern. Dem privaten Sender HIT RADIO FFH gelingt eine ausgewogenere Berichterstattung aus Hessen, wie das auch ANTENNE BAYERN in Bayern hinbekommt. Die hessische Region, aus der HIT RADIO FFH am zweitmeisten berichtet, ist Mittelhessen (30,6% an den Meldungen aus Hessen). Bei hr3 steht an zweiter Stelle Nordhessen mit 22,2 %. Mittelhessen ist auf hr3 deutlich schlechter repräsentiert mit nur 7,4 %. Osthessen ist auf beiden Wellen am schlechtesten abgebildet (vgl. ebd.).

Auch in Hessen stellen die Sender am häufigsten einen Bezug zu Gesamtdeutschland her (vgl. Anhang Tabelle 14). hr3 tut dies in 46,9 % seiner Meldungen – HIT RADIO FFH nur in jeder vierten Meldung (25,0%). HIT RADIO FFH bezog sich in 17,7 % seiner Meldungen auf Hessen, hr3 nur in 5,5 % der Meldungen. Bezüge zu anderen Staaten werden in beiden Programmen etwa gleich häufig hergestellt (HIT RADIO FFH: 8,9%, hr3: 8,6%).

4.1.4.3 Zusammenführung

Insgesamt sind die beiden Privatsender führend, was regionale Berichterstattung anbelangt. Annahme 5), die davon ausgeht, dass HIT RADIO

FFH öfter einen Bezug zu Hessen herstellt, behält recht. Tatsächlich ist es aber so, dass sich FFH nicht nur häufiger auf Hessen bezieht, sondern auch mehr Meldungen über tatsächlich in Hessen stattfindende Ereignisse bringt, als dies im Programm des Hessischen Rundfunks der Fall ist. Das gilt in besonderem Maße auch für ANTENNE BAYERN, denn dort laufen – verglichen mit BAYERN 3 – deutlich mehr als doppelt so viele Meldungen aus Bayern.

Annahme 11) stellt die These auf, dass sich das Radiopublikum besser nicht nur auf den Hörfunk verlassen sollte, wenn es sich über das Landesgeschehen informieren will. Falsch. Sowohl ANTENNE BAYERN als auch HIT RADIO FFH berichten über das Wichtigste aus ihrem Bundesland. Bei ANTENNE BAYERN sind mehr als zwei Drittel aller Meldungen bayerische Nachrichten und das sogar in den Hauptnachrichten. Die Regionalberichterstattung in den beiden öffentlich-rechtlichen Programmen lässt allerdings tatsächlich zu wünschen übrig. Somit ergänzen sich die Programme aber ziemlich gut: Während die Privatprogramme in Sachen Landesgeschehen punkten, erfahren die Hörer bei den öffentlich-rechtlichen Servicewellen mehr aus Deutschland und der Welt.

4.2 Weitere Ergebnisse der Studie

Für die aufgestellten Annahmen konnten bereits aussagekräftige Ergebnisse präsentiert werden. Im letzten Teil der Arbeit findet sich darüber nochmals ein zusammenfassendes Statement, das auch darauf eingeht, ob die Programme mit ihren Leistungen auf die Bedürfnisse der Hörer eingehen.

Neben den Informationen, die zur Beantwortung der aufgestellten Thesen notwendig waren, hat diese Studie noch weitere Nachrichtenkomponenten untersucht. Die Ergebnisse sollen im Folgenden vorgestellt werden.

4.2.1 Akteure der Meldung

Zunächst soll es darum gehen, wie die Sender mit den Akteuren der Nachrichten umgehen. Wie bereits beschrieben, gehören dazu nicht nur Institutionen und Gruppen, über die berichtet wird, sondern auch die Sprecher und Korrespondenten der Sender.

4.2.1.1 Aktive Akteure

Aktive bzw. inhaltliche Akteure sind diejenigen, die entweder genannt werden oder im O-Ton auftreten. Zunächst die Aufgliederung der erstgenannten Akteure (vgl. Anhang Tabelle 15). Dabei sind Institutionen in 31,8 % der Meldungen die erstgenannten Akteure und damit führend, jedoch nur knapp vor den namentlich genannten Einzelpersonen, die in 30,9 % der Meldungen als Erstes in Erscheinung treten. Überregionale Gruppen – in der Regel bundesweit aktive Parteien – erreichen 12,1 %. Regionale Gruppen, wie etwa Aktionsbündnisse, kommen mit 1,5 % nur sehr selten in den Nachrichten vor. Auffällig oft waren die erstgenannten Akteure nicht eindeutig identifizierbar. In knapp jeder vierten Meldung war der Akteur nicht fassbar, weil es sich um etwas schwer Definierbares, wie z.B. um eine Menschenmasse, handelte (vgl. ebd.). Auch der jeweils zweitgenannte Akteur wurde nach demselben Muster untersucht. Die Ergebnisse waren sehr ähnlich und werden deswegen nicht näher erläutert.

4.2.1.2 Passive Akteure

Zu den passiven Akteuren gehören der Nachrichtensprecher, der die Nachrichten an sein Publikum vermittelt und die Korrespondenten und Reporter, die berichten, damit die Hörer informiert sind. Die Korrespondenten betreffend wurde auch noch untersucht, ob sie Dialekt sprechen und wenn ja, wie stark dieser ausgeprägt ist. Für die jeweiligen Sender wurde ermittelt, wie hoch der Anteil an weiblichen bzw. männlichen Sprechern ist. Gemessen wurde pro Meldung. Das bedeutet, dass sich die Angabe darauf bezieht, wie viel Prozent der insgesamt 531 untersuchten Meldungen von Frauen und wie viele von Männern gesprochen wurden.

Vor allem das Ergebnis für HIT RADIO FFH überrascht ein wenig: 100 % der untersuchten Meldungen wurden von Männern gelesen (vgl. Anhang Tabelle 16). Auch BAYERN 3 hat einen höheren Männeranteil unter den Sprechern. Das Verhältnis Männer zu Frauen ist exakt 60:40. ANTENNE BAYERN und hr3 dagegen hatten zum Zeitpunkt der Untersuchung einen höheren Frauenanteil. Aufgrund der Korrespondentenkette „Bayernreporter“ am Ende der Nachrichten gibt es auf ANTENNE BAYERN bei den letzten drei Meldungen in der Regel keinen Sprecher. Der Anteil an Meldungen ohne Sprecher beträgt 49,4 %. 34,2 % der Meldungen werden von Frauen gesprochen – 16,4 % von Männern (vgl. ebd.).

Auch bei hr3 dominieren die Sprecherinnen, allerdings nur ganz knapp mit 51,6 %. 48,4 % der Sprecher sind dagegen männlich (vgl. ebd.). Auch wenn insgesamt vermutlich immer noch mehr Männer als Frauen Nachrichten sprechen, ließ sich für zwei von vier Sendern das Gegenteil nachweisen.

Bei den Korrespondenten sieht es dagegen weit weniger ausgeglichen aus. Hier dominieren auf allen Wellen die Männer (vgl. Anhang Tabelle 17). Um die Verhältnisse offensichtlich zu machen, zeigt die Tabelle auch an, wie hoch der Anteil an Meldungen mit bzw. ohne Korrespondent ist. Daraus geht hervor, dass in 56,6 % der Meldungen auf ANTENNE BAYERN ein Korrespondent vorkommt. ANTENNE BAYERN ist damit der einzige Sender, in dem mehr als jede zweite Meldung eine Korrespondenten-Meldung ist. Aber auch bei den anderen drei Sendern ist das Ergebnis beachtlich: In etwa jeder zweiten Meldung kommt ein Reporter vor (BAYERN 3: 48,0%, HIT RADIO FFH: 49,2%, hr3: 50,0%) (vgl. ebd.).

In Bayern scheint Dialekt in den Nachrichten akzeptierter zu sein als in Hessen. In Hessen sprechen die Korrespondenten fast nie Dialekt (vgl. Anhang Tabelle 18). Bei HIT RADIO FFH ist bei 95,2 % der Korrespondenten kein Dialekt hörbar, bei hr3 sogar bei 97,0 %. Ein wenig ironisch war es, dass einige der wenigen hr3-Korrespondenten, die Dialekt gesprochen haben aus Bayern berichteten und nicht Hessisch, sondern Bayerisch sprachen. Die Vertonungen wurden vermutlich jeweils vom Bayerischen Rundfunk übernommen (vgl. ebd.). Extrem viel Dialekt bekommen die Hörer von ANTENNE BAYERN zu hören: Über die Hälfte der Korrespondenten spricht Dialekt. Bei 45,3 % war dieser sogar deutlich ausgeprägt – bei weiteren 9,4 % war Dialekt zumindest hörbar. Bei BAYERN 3 ist in etwa jedem vierten Korrespondentenbericht Dialekt zu hören (25,0%: Dialekt hörbar, 3,3%: Dialekt stark ausgeprägt).

4.2.2 Interaktive Faktoren

Eine Nachrichtensendung auf einer Servicewelle bietet etwa drei Minuten Platz für Informationen. Allerdings kommt es immer wieder vor, dass ein Thema eigentlich ausführlicher behandelt werden müsste. Entsprechend crossmedial sollte eigentlich gedacht werden, denn der Bayerische und der Hessische Rundfunk hätten theoretisch die Möglichkeit, ein Thema auch auf einer anderen Welle ausführlicher zu bringen oder gar eine Dokumentation über ein Nachrichtenthema im BR-/HR-Fernsehen zu zeigen. Oft reicht aber auch schon ein weiterer Sendeplatz auf der gleichen Welle, um einem Nachrichtenereignis einen höheren Stellenwert einzuräumen. Ebenso könnten die Sender ein tieferes Informationsangebot im Internet anbieten oder eine Diskussion auf Facebook oder Twitter anstoßen. Inwieweit sogenannte „Teaser" in den Nachrichten der untersuchten Programme vorkommen, soll im Folgenden dargestellt werden. Ebenso wie hoch der Anteil an Meldungen ist, in denen der eigene Sendername genannt wird.

Teaser sind in den Nachrichten offensichtlich immer noch ziemlich unüblich. Von den 531 untersuchten Meldungen enthielten lediglich 15 einen Verweis auf weiterführende Informationen. Davon kamen die Meisten in den Nachrichten von HIT RADIO FFH vor. Aber auch hier liegt der Anteil nur bei 6,3 %. In den Nachrichten von hr3 wurde ein Teaser in 2,3 % der Meldungen festgestellt. Die bayerischen Programme lagen im Untersuchungszeitraum nochmal deutlich unter diesem Wert (vgl. Anhang Tabelle 19 & 20). Erst seit Mai 2016 enden die ANTENNE-BAYERN-Nachrichten generell mit dem Satz: „Das Neueste aus Bayern jederzeit unter antenne.de."

Entsprechend wenig wäre es aussagekräftig, eine genaue Aufschlüsselung vorzunehmen, welcher Sender bevorzugt welche Art von Verweisen macht. Von den 15 Teasern verwiesen zehn auf die Homepage des jeweiligen Senders, nur einer auf eine externe Website und vier auf eine kommende Sendung im eigenen Programm (vgl. ebd.). Auf sonstige Plattformen wie Facebook oder Twitter wurde in den Nachrichten überhaupt nicht verwiesen. Die Nachrichten sollen wohl ausschließlich den Auftrag erfüllen, schnell über das Wichtigste zu informieren.

Auffallend ist, dass der eigene Sendername häufig genannt wird. Das einzige Programm, das weitgehend ohne Nennung auskommt, ist BAYERN 3. Dort sagen sich die Korrespondenten in der Regel mit ihrem Namen und der Ortsmarke ab. Eine Anmoderation seitens des Sprechers gibt es nicht. In 95,2 % der BAYERN-3-Meldungen kam der eigene Sendername nicht vor (vgl. Anhang Tabelle 21). Das Problem, das die ARD-Anstalten offenbar haben ist, dass der Korrespondentenpool kaum in der Lage ist, für jede einzelne ARD-Welle einen eigenen Absager mit dem jeweiligen Sendernamen einzusprechen. BAYERN 3 akzeptiert das offenbar und hat für sich entschieden, die Nachrichten komplett ohne Namensnennung zu bringen. Anders sieht es bei hr3 aus: Zwar ist das Problem hier exakt das gleiche, allerdings moderiert dort der Sprecher die Korrespondenten an. Eine hr3-Anmoderation könnte so lauten: „Peter Müller, hr3, Berlin". Den ARD-Standard-Absager „Peter Müller, Berlin", den

BAYERN 3 gesendet hätte, schneidet hr3 vorher weg. Aus diesem Grund kommt in genau der Hälfte aller hr3-Meldungen der eigene Sendername vor (vgl. ebd.). Eine Steigerung findet sich allerdings bei den Privatsendern, die ihre Reporter konsequent mit Sendername anmoderieren oder vom Reporter selbst eine Abmoderation sprechen lassen. Die größte Anzahl an Namensnennungen findet sich bei ANTENNE BAYERN. Sowohl in den Aufsagern als auch in den Korrespondentenstücken der „Bayernreporter“ moderiert sich der Reporter oder der Redakteur mit Ortsmarke und Sendername ab. Nachdem der Korrespondentenanteil in den ANTENNE-BAYERN-Nachrichten vergleichsweise hoch ist, steigt damit auch der Anteil an Meldungen mit Namensnennungen. Er liegt bei 58,6 % (vgl. ebd.). HIT RADIO FFH dagegen moderiert seine Korrespondenten normalerweise an, beispielsweise mit: „FFH-Südhessen-Reporter Peter Müller“. Der Anteil an Meldungen, in denen der Sendername vorkommt, liegt bei 55,6 % (vgl. ebd.).

4.2.3 Darstellungsformen

Die wichtigsten Darstellungsformen in Hörfunknachrichten sind die klassische, „trockene“ Sprechermeldung ohne angefügtes Element, die Sprechermeldung mit O-Ton, sowie der Sprecher in Kombination mit einem Aufsager eines Redakteurs oder mit einem Korrespondenten-Bericht. Sonstige Darstellungsformen, wie beispielsweise die „Bayernreporter“ von ANTENNE BAYERN, werden in der Rubrik „Sonstiges“ aufgeführt:

Darstellungsform	ANTENNE BAYERN in %	BAYERN 3 in %	HIT RADIO FFH in %	hr3 in %
„Trockene“ Sprechermeldung	38,2	44,0	40,5	43,0
Sprechermeldung mit O-Ton	5,9	8,0	11,1	7,8
Sprechermeldung mit Aufsager	1,3	4,8	18,2	1,5
Sprechermeldung mit Korrespondentenstück	3,9	43,2	29,4	47,7
Sonstiges	50,7	0,0	0,8	0,0

Tabelle 9: Darstellungsform und Anteil an den Nachrichten der einzelnen Sender

Bei der Betrachtung der Ergebnisse sieht man klar, wie sich die Nachrichten der Sender unterscheiden. Bei BAYERN 3 und HIT RADIO FFH sind die „trockenen" Sprechermeldungen die am häufigsten gewählte Darstellungsform (vgl. Tab. 9). ANTENNE BAYERN setzt vor allem auf die „Bayernreporter" und hr3 setzt schwerpunktmäßig Korrespondentenberichte ein.

Prinzipiell kann jedoch festgehalten werden, dass wirklich alle untersuchten Sender in der Mehrzahl der Meldungen vertiefende Elemente verwenden, seien es O-Töne, Aufsager oder Korrespondentenberichte. Den kleinsten Anteil an „trockenen" Sprechermeldungen hat ANTENNE BAYERN mit 38,2 %, gefolgt von HIT RADIO FFH (40,5%), hr3 (43,0%) und BAYERN 3 (44,0%). Die meisten Meldungen mit O-Tönen liefert HIT RADIO FFH (11,1%). Obwohl hier nicht explizit ausgewiesen, enthielten auch etliche der „Bayernreporterstücke" auf ANTENNE BAYERN zusätzlich O-Töne (vgl. ebd.).

Auch bei den Aufsagern ist HIT RADIO FFH führend. Meldungen mit Aufsager machen 18,2 % an den FFH-Nachrichten aus (vgl. ebd.). Bei hr3 ist dagegen der sehr hohe Anteil an Korrespondentenberichten auffällig. Er liegt bei 47,7 % innerhalb der hr3-Nachrichten (vgl. ebd.). Insgesamt kann festgehalten werden, dass ein vertiefendes Reporterstück offensichtlich einem O-Ton vorgezogen wird, denn Aufsager und Korrespondentenberichte liegen zusammen klar vor den Meldungen mit O-Tönen.

4.2.4 Thematische Analyse

Einige Nachrichtenthemen aus dem Untersuchungszeitraum wurden in der Studie exemplarisch ein wenig eingehender untersucht. Sie können möglicherweise genaueren Aufschluss darüber geben, wie eine Nachrichtenredaktion arbeitet. Die Themen wurden bereits vorgestellt, und es lässt sich klar erkennen, dass die öffentlich-rechtlichen Programme den wichtigen politischen Themen mehr Raum in den Nachrichten bieten, indem sie diese häufiger melden (vgl. Anhang Tabelle 22).

In einigen Fällen ist es verwunderlich, dass gewisse Themen bei manchen Sendern überhaupt nicht aufgetaucht sind. Zum Beispiel kam in keiner der untersuchten ANTENNE-BAYERN-Sendungen der Atomkonflikt mit dem Iran vor. Auch die NSA-Spähaffäre ist nicht aufgegriffen worden, obwohl beide Themen auf allen anderen Wellen zur selben Zeit liefen. Auch HIT RADIO FFH zeigt diese Schwäche teilweise. BAYERN 3 und hr3 blieben den Hörern nur den NSU-Prozess schuldig. An dem Thema „Naziraubkunst in München gefunden" sieht man, dass es sich offenbar eher um ein bayerisches Thema handelt, das zur Protokollzeit in Hessen kaum berücksichtigt wurde. Der NSU-Prozess schien allgemein an den fünf untersuchten Tagen – anders als zunächst angenommen wurde – kein großes Thema gewesen zu sein (vgl. ebd.).

Um exemplarisch aufzuzeigen, wie genau die Sender mit Themen umgehen, wird im Folgenden dargestellt, wie das Thema „Ex-Bundespräsident Wulff steht in Hannover vor Gericht" behandelt wurde. Die Grafik zeigt, wann die Meldung jeweils lief, auf welcher Position innerhalb der Nachrichten und mit welchem Themenaspekt. Es geht um den 14. November 2013, den ersten Prozesstag gegen den früheren Bundespräsidenten Christian Wulff. Der Vorwurf lautete: Vorteilsannahme zu seiner Zeit als niedersächsischer Ministerpräsident. Als die Affäre aufflog, musste Wulff sein Amt als Bundespräsident niederlegen (vgl. Prantl 2013). Alle untersuchten Meldungen zu diesem Thema liefen nur am 14. November 2013. Deshalb lässt es sich besonders gut tabellarisch darstellen:

	ANTENNE BAYERN	BAYERN 3	HIT RADIO FFH	hr3
6 Uhr		Platzierung 1 Sprechermeldung mit Korrespondentenbericht 45 Sekunden Prozess beginnt heute; es geht um einen Oktoberfestbesuch und 753,90 Euro; Hintergründe	Platzierung 2 „Trockene“ Sprechermeldung 17 Sekunden Prozess beginnt heute; es geht um Vorteilsannahme während seiner Zeit als niedersächsischer Ministerpräsident	
8 Uhr		Platzierung 1 Sprechermeldung mit Korrespondentenbericht 41 Sekunden Zum ersten Mal steht ein ehemaliger Bundespräsident vor Gericht; Hintergründe zur Anklage		Platzierung 3 „Trockene“ Sprechermeldung 20 Sekunden Heute Prozessauftakt vor dem Landgericht Hannover; Vorwurf: Vorteilsannahme
12 Uhr		Platzierung 3 „Trockene“ Sprechermeldung 23 Sekunden Prozess läuft seit dem Vormittag; Wulff erhofft sich eine Rehabilitierung		Platzierung 2 Sprechermeldung mit Korrespondentenbericht 44 Sekunden Prozess beginnt; es geht um einen Oktoberfestbesuch und 753,90 Euro; Hintergründe

14 Uhr	Platzierung 2 Sprechermeldung mit O-Ton 44 Sekunden Erster von 22 Verhandlungstagen; Wulff beteuert seine Unschuld; Staatsanwalt wirft ihm Bestechlichkeit vor; es geht u.a. um einen Oktoberfest-Besuch	Platzierung 1 Sprechermeldung mit Korrespondentenbericht 42 Sekunden Wulff sagt zum Auftakt, er sei nie korrupt gewesen; Vorwürfe seien absurd und ehrabschneidend; redete 50 Minuten		Platzierung 2 Sprechermeldung mit Korrespondentenbericht 41 Sekunden Anwälte beklagen massive mediale Rechtsverletzungen; schwerer Tag für Wulff, aber er ist optimistisch, alle Vorwürfe entkräften zu können
16 Uhr		Platzierung 3 Sprechermeldung mit Korrespondentenbericht 45 Sekunden Erster Prozesstag dauert drei Stunden; Wulff spricht etwa 45 Minuten; will sein Image retten; Hintergründe		Platzierung 2 Sprechermeldung mit Korrespondentenbericht 34 Sekunden Erster Prozesstag dauert drei Stunden; Wulff spricht etwa 45 Minuten; er will sein Image retten; Hintergründe

Tabelle 10: Aufarbeitung nachrichtenrelevanter Themen durch die einzelnen Sender

Gerade auf BAYERN 3 kann ein vorbildlicher Nachrichtenverlauf für das Thema „Wulff" nachgewiesen werden (vgl. Tab. 10). In der Morningshow wurde zunächst mit dem Thema aufgemacht und mit Korrespondentenberichten dafür gesorgt, dass die Hörer das Ereignis gut vorbereitet verfolgen können. Am Mittag – als der Prozess lief, es aber keine weiteren Neuigkeiten dazu gab – rutschte die Wulff-Meldung auf Platz drei ab und wurde nur „trocken" verlesen. Ab 14 Uhr, als der Prozesstag abgeschlossen war, wurde die Meldung wieder durch einen vertiefenden Korrespondentenbericht ergänzt. Um 14 Uhr war sie konsequenterweise wieder Aufmacher, rutschte jedoch, später um 16 Uhr, wegen der Verkündung des Urteils im Fall des früheren Waffenlobbyisten Karl-Heinz Schreiber auf Platz drei. Die Schreiber-Meldung war aktueller und zudem bayerisch, da das Verfahren in Augsburg stattfand. Der Nachrichtenverlauf ist sehr schlüssig, konsequent und hörerfreundlich. (vgl. ebd.)

Die Nachrichtenredaktion von hr3 entschied sich dagegen erst um acht Uhr mit dem Thema einzusteigen und es langsam hochzufahren (vgl. ebd.). Entsprechend startete hr3 erst um acht Uhr mit einer Sprechermeldung auf Position drei und vertiefte dann weiter mit Meldungen, die jedes Mal Korrespondentenberichte enthielten. Auch dieser Nachrichtenverlauf scheint schlüssig. Ein derartiger Verlauf kann für die beiden Privatsender leider nicht gezeichnet werden. Beide Programme brachten die Meldung in den fünf untersuchten Sendungen an diesem Tag lediglich einmal (vgl. ebd.).

ANTENNE BAYERN meldete das Ergebnis des ersten Verhandlungstags um 14 Uhr, direkt nachdem die Sitzung zu Ende ging (vgl. ebd.). Es ist durchaus nachvollziehbar, diese Meldung zu dem Zeitpunkt zu bringen. Sie lief mit dem O-Ton eines Gerichtsvertreters und war relativ ausführlich. Die Meldung zum Thema „Wulff" lief auf Position zwei und kam nach einer Meldung darüber, dass Rentner ab Juni 2014 mit mehr Geld rechnen können (vgl. ebd.).

HIT RADIO FFH brachte die Wulff-Meldung bereits früh morgens um sechs Uhr als Sprechermeldung. Anschließend kam sie in den untersuchten Sendungen nicht mehr vor (vgl. ebd.). Diese Vorgehensweise ist wenig nachvollziehbar, denn wenn einem Ereignis am Morgen so viel Bedeutung beigemessen wird, dass man sich dazu entschließt, vorausblickend zu berichten, so sollte die Redaktion an der Sache dran bleiben. Zumal das Ergebnis sicher informativer ist als ein kurzer Vorgeschmack ohne Ergebnis. Es kann natürlich nicht ausgeschlossen werden, dass HIT RADIO FFH nach dem ersten Prozesstag um 14:55 Uhr bzw. 16:55 Uhr eine Wulff-

Meldung brachte. Es ist jedoch durchaus Kritik an der Vorgehensweise beider Privatsender angebracht, denn schaltete ein Hörer nicht zufällig zu der Stunde ein, in der die Wulff-Meldung lief, so bekam er von dem doch ziemlich wichtig scheinenden Ereignis nichts mit und wunderte sich am Abend, weshalb die Tagesschau damit aufmacht, die ihn dann nur noch nachträglich informieren kann; zumindest dann, wenn der besagte Hörer zu den 60 % der Bevölkerung gehört, die täglich nur einen Radiosender einschalten (vgl. Volpers/Schnier/Salwiczek 2005: 131).

Die beiden Privatsender meldeten Themen in einigen Fällen erst dann, wenn das Ereignis abgeschlossen war und es ein Ergebnis zu vermelden gab – nicht bereits am Morgen, wie es die öffentlich-rechtlichen Sender häufig tun. Aus diesem Grund gehört in Hinblick auf die Privatprogramme manchmal ein wenig Glück dazu, eine Meldung zu „erwischen".

5 Zusammenfassung und Ergebnisbewertung

Die Studie „Hörfunknachrichten in Deutschland“ brachte bereits viele Ergebnisse detailliert zum Vorschein. Untersucht wurden die Sender ANTENNE BAYERN, BAYERN 3, HIT RADIO FFH und hr3. Damit das Wesentliche nicht aufgrund der vielen genannten Zahlen untergeht, werden im folgenden Teil nochmal die wichtigsten Erkenntnisse zusammengefasst und dabei bewertet. Gleichzeitig wird noch einmal kurz auf die formulierten Annahmen eingegangen. Die Resultate werden mit den Prüfaufträgen aus der Publikumsforschung abgeglichen. Daraus werden dann Nachrichtenprofile für die vier untersuchten Radioprogramme abgeleitet.

5.1 Ergebnisse unter Berücksichtigung der Annahmen

Viele der Thesen, von deren Richtigkeit vor der Untersuchung ausgegangen werden musste, haben sich als nicht haltbar erwiesen.

5.1.1 Ausführlichkeit der Nachrichten

Die Annahmen 1), 6), 7) und 8) zielten auf die Nachrichtenlänge ab und unterstellten zunächst, dass die öffentlich-rechtlichen Anstalten längere Nachrichten senden und den einzelnen Themen mehr Raum bieten, indem sie längere Meldungen bringen. Allerdings zeigt die Studie klar, dass die insgesamt längsten Nachrichten im Programm des Privatsenders ANTENNE BAYERN laufen, nicht bei den öffentlich-rechtlichen Sendern BAYERN 3 oder hr3. Die Nachrichten von HIT RADIO FFH sind nicht signifikant kürzer als die hr3-Nachrichten. Die Gesamtlänge der Nachrichten hat also nichts damit zu tun, ob ein Programm öffentlich-rechtlich oder privat ist. Die Unterstellung, dass öffentlich-rechtliche Nachrichten länger sind als die, die dem Publikum auf privaten Wellen angeboten werden, ist somit haltlos. Auch in Sachen tiefgreifende Berichterstattung können nicht alle öffentlich-rechtlichen Programme Punkte erzielen. Zwar sind die einzelnen BAYERN-3-Meldungen deutlich länger als dies auf ANTENNE

BAYERN der Fall ist. In Hessen gilt das jedoch nicht, weil HIT RADIO FFH sogar leicht, aber nicht wesentlich längere Meldungen anbietet.

Der Grund weshalb sich BAYERN 3 die längsten Meldungen leisten kann und dabei die Nachrichten sogar insgesamt kürzer hält als ANTENNE BAYERN, liegt darin begründet, dass BAYERN 3 mit durchschnittlich etwa fünf Meldungen normalerweise eine weniger im Programm hat. Damit ist festzuhalten, dass die Nachrichten auf ANTENNE BAYERN zwar länger sind, aber kürzere Meldungen enthalten, dafür aber eine mehr als dies bei BAYERN 3 der Fall ist.

Zudem fiel auf, dass die Nachrichten der beiden bayerischen Sender 20 bis 30 Sekunden länger sind. Durchschnittlich waren die Meldungen der vier Sender 33 Sekunden lang.

5.1.2 Anmutung der Nachrichten und Informationsgehalt

Die Annahmen 2) und 9) hatten unterstellt, dass die Nachrichten der Privatsender „sensationeller“ und „forscher“ klingen würden. Diese Anmutung habe aber keine Auswirkungen auf den Informationsgehalt der Nachrichten. Die Studie konnte nachweisen, dass die privaten Sender, die sich nicht an den öffentlich-rechtlichen Bildungsauftrag halten müssen, mehr Softnews-Meldungen in ihr Nachrichtenprogramm aufnehmen. Gleichzeitig sind die Nachrichtenredakteure eher dazu geneigt, spielerisch in eine Nachricht einzusteigen, wenn es sich um weiche Nachrichten handelt – auch wenn es inzwischen durchaus auch viele Hardnews-Meldungen gibt, die nicht mehr mit dem klassischen Leadsatz beginnen.

Nachdem sich die Programmchefs von Privatsendern dieser Färbung bewusst sein dürften, tendieren sie dazu, die Nachrichten oder zumindest Teile davon mit einem Musikbett zu unterlegen oder Verpackungselemente zu verwenden. Diese werden schließlich nicht zufällig eingesetzt. Es kann jedoch nicht davon ausgegangen werden, dass die Nachrichten der Privatsender deswegen mehr Softnews beinhalten, weil sie „sensationeller“ formuliert sind und Musikbetten enthalten – vielmehr werden diese Elemente eingesetzt, weil die Nachrichten bewusst so ausgelegt sind.

Dass die Nachrichten der Privatsender ärmer an Informationen wären, lässt sich nicht nachweisen. Auch die von den Privatsendern häufiger eingesetzten Wertungen und Personalisierungen dürften von der jeweiligen Programmleitung gewünscht sein, weil sie dem Hörer eine Einschätzung des Themas erleichtern können und er sich möglicherweise eher für eine

Sache interessiert, wenn er sich durch eine Personalisierung mit ihr verbunden fühlt. Auch daraus lässt sich aber nicht ableiten, dass die Nachrichten deshalb nicht mehr so informativ wären.

5.1.3 Thematische Schwerpunkte

Annahme 3) ging davon aus, dass HIT RADIO FFH und der HR die Sachgebiete in gleichem Umfang bedienen – Annahme 4) fügte eine Ausnahme hinzu, nämlich dass FFH ausführlicher über Sportereignisse berichtet. Annahme 10) beruhte darauf, dass politische Themen den größten Anteil an Nachrichten haben. Diese Untersuchung ergab zwar, dass „Politik" eines der wichtigsten Nachrichtenfelder ist, öffentlich-rechtliche Nachrichten jedoch stärker politisch zentriert sind als die Nachrichten der privaten Programme.

Sowohl HIT RADIO FFH als besonders auch ANTENNE BAYERN berichten häufiger über Kriminalität, Justiz und Unfälle als über das Themengebiet „Politik", das dort jeweils nur an zweiter Stelle steht. Auch in Wirtschaftsthemen führen die beiden Privatsender gegenüber ihren öffentlich-rechtlichen Konkurrenten BAYERN 3 und hr3, die am meisten über Politik berichten und zwar vor dem Themenblock „Kriminalität/Justiz/Unfall", der hier an zweiter Stelle steht. Was Sport angeht, so schnitten hier hr3 und ANTENNE BAYERN am besten ab und nicht wie vermutet HIT RADIO FFH. Ebenso wurde festgestellt, dass gesellschaftlich relevante Themen selten das Hauptmotiv einer Meldung sind, aber oft als Nebenaspekt in den Nachrichten auftauchen. Genauer untersucht wurden hier nur die vier besonders wichtigen Ressorts „Politik", „Kriminalität/Justiz/Unfall", „Wirtschaft" und „Sport", weil die anderen Sachgebiete stärker themenabhängig sind und an einem Tag stärker und am nächsten Tag manchmal gar nicht vertreten sind. Die Tatsache, dass ANTENNE BAYERN und HIT RADIO FFH häufiger über Kriminalitäts- und Justizfälle sowie Unfälle berichten als über Politik, könnte auch mit den Ergebnissen des nächsten Punktes zusammenhängen.

5.1.4 Berichterstattungsräume

Zwei Annahmen bezogen sich auf die räumliche Dimension der Berichterstattung: Zum einen Annahme 11) – sie ging davon aus, dass der Hörfunk nicht als alleinige Quelle ausreicht, um sich umfassend über das Landesgeschehen zu informieren. Annahme 5) stellte die These auf, dass sich HIT RADIO FFH in den Nachrichten häufiger auf Hessen bezieht als der Hessische Rundfunk. Dem kann zugestimmt werden: Der Anteil an Meldungen aus Hessen liegt bei FFH beinahe doppelt so hoch wie bei hr3.

Noch deutlicher ist der Unterschied aber in Bayern: Die regionale Berichterstattung von ANTENNE BAYERN ist mehr als doppelt so stark, verglichen mit BAYERN 3. Mehr als zwei Drittel der Meldungen auf ANTENNE BAYERN berichten über Ereignisse aus Bayern. Im Gegenzug berichten BAYERN 3 und hr3 wesentlich häufiger über Ereignisse aus Deutschland und der Welt, verglichen mit ihren privaten Konkurrenten.

Diese Verteilung zeigt sich im Wesentlichen auch in Hinblick auf den Bezugsort, auf den sich eine Meldung neben dem Ursprungsort auch noch bezieht. Auch hier stellen die beiden Privatprogramme häufiger Bezüge zu ihrem Kernverbreitungsgebiet her als die öffentlich-rechtlichen Programme. Von allen Sendern werden die meisten Bezüge aber zu Deutschland hergestellt. Die regionale Berichterstattung der Sender bündelt sich normalerweise in dem Bezirk oder in dem Gebiet, in dem sich die Landeshauptstadt befindet, weil dort viele politische Ereignisse stattfinden und Politik eines der wichtigsten Sachgebiete für Nachrichten darstellt. Die Privatsender berücksichtigen die Bezirke ein wenig ausgeglichener als die öffentlich-rechtlichen Sender. Es bleibt also festzuhalten: Radiohörer können sich mit den Angeboten der Privatsender sogar ziemlich gut über das Landesgeschehen informieren. Lediglich die Verteilung über die Bezirke hinweg könnte ein wenig angeglichen werden.

Hören kann man die Regionalität besonders gut im Programm von ANTENNE BAYERN, wo die Korrespondenten in über 50 % der Fälle Dialekt sprechen. Insgesamt ist Dialekt in Bayern offensichtlich akzeptierter als in Hessen, wo die Quote verschwindend gering ist.

Wie bereits dargestellt berichten ANTENNE BAYERN und HIT RADIO FFH häufiger über Kriminalfälle, Justizangelegenheiten und Unfälle als über Politik. Hier lässt sich auch ein interessanter Zusammenhang zu der stärker regionalisierten Berichterstattung herstellen: Besonders die Unfälle und Kriminalfälle, über die berichtet wird, finden normalerweise im Sendegebiet statt. Andernfalls wären sie aufgrund fehlender Nähe uninteressant für die Hörer. Im Anhang befindet sich eine Tabelle, die belegt, dass der Themenkomplex „Kriminalität/Justiz/Unfall“ besonders häufig an eine Berichterstattung aus dem eigenen Bundesland gekoppelt ist (vgl. Anhang Tabelle 23). Dagegen sind politische Ereignisse aus Deutschland deutlich häufiger als regionale, politische Ereignisse (vgl. ebd.). Daraus lässt sich schließen, dass politische Themen verstärkt aus Berlin kommen, während Unfälle und Kriminalfälle klassische regionale Themen sind. Außerdem handelt es sich bei Unfällen und Kriminalfällen oft um Softnews. Daran wird erkennbar, dass die privaten Programme mit ihrer Entscheidung für mehr regionale Berichterstattung folgendes in Kauf nehmen: weniger Politik und dafür mehr Kriminalität, Justizfälle und Unfälle in den Nachrichten. Das wiederum erhöht den Anteil an Softnews im Nachrichtenprogramm offenbar stark und zwar ohne dass es dazu einer bewussten Entscheidung seitens der Redaktion oder des Programmchefs bedarf. Sender, die sich für Regionalität in den Nachrichten entscheiden, erreichen dadurch also auch eine thematische Verschiebung sowie eine Erhöhung des Softnews-Anteils. Durch die zeitliche Begrenzung der Nachrichten ist es in der Folge klar, dass nationale Ereignisse, wie beispielsweise politische Entscheidungen in Berlin, in manchen Fällen keinen Platz mehr in den Nachrichten der Privatprogramme finden, weil man sich dafür entschieden hat, der Regionalität den Vortritt zu geben. Dieses Ergebnis zeigt, dass die öffentlich-rechtlichen Programme zwar ein insgesamt ausgewogeneres Nachrichtenprogramm bieten – die privaten Sender haben jedoch mit ihrer Regionalisierung eine Nische gefunden, vorhandene Mängel auszugleichen.

5.1.5 Öffentlich-rechtlich vs. Privat

Annahme 12) thematisiert die bipolare Betrachtung des Rundfunksystems, wonach den öffentlich-rechtlichen Anstalten ein informationsreiches Programm nachgesagt wird. Der Content bei Privatsendern soll demnach recht arm an Informationen sein. Annahme 12) geht jedoch von vornherein davon aus, dass diese Sichtweise falsch ist. Dem kann man sich anschließen.

Die privaten Programme bieten ebenfalls ein informationsreiches Nachrichtenangebot an. Es ist nicht schlechter oder informationsärmer, sondern schlichtweg anders. Die in 2.1 beschriebenen Nachrichtenfaktoren werden teilweise unterschiedlich gewichtet. So wird die „räumliche Nähe“ zu einem besonders wichtigen Kriterium für die Privatsender, die ihre Nachrichten regionaler ausrichten wollen. Zugleich setzen sie vermehrt auf emotionale oder konfliktträchtige Themen. Auch Servicethemen, die den

Nutzen für den Hörer in den Vordergrund rücken, werden gerne aufgegriffen und damit betonter.

Das private Mediensystem ist außenpluralistisch ausgerichtet (vgl. Pürer 2003: 228f.). Die Vielzahl der privatwirtschaftlichen Medien lässt, dem Modell zufolge, auf Inhalts-, Programm- und Meinungsvielfalt schließen. Die beiden untersuchten Privatsender haben sich entschlossen, wie sie ausgerichtet sein wollen: regionaler und weniger komplex. Das hilft dem Hörer oftmals, ein Thema richtig einzuschätzen und wirkt frisch. Die „Bayernreporter" von ANTENNE BAYERN sind ein gutes Stilmittel, um dem Hörer regionale Nachrichten lebhaft zugänglich zu machen. Der Börsenblock auf HIT RADIO FFH ist so geschickt formuliert, dass auch ein Laie die komplexen Wirtschaftsthemen versteht.

Sowohl ANTENNE BAYERN als auch HIT RADIO FFH greifen in der Mehrzahl der Meldungen auf vertiefende Elemente wie O-Töne, Korrespondentenberichte oder Nachrichtenaufsager zurück, öfter sogar als BAYERN 3 und hr3. Grundsätzlich arbeiten die Privatsender häufiger mit Verweisen auf zusätzliche Informationsangebote, die online über die Senderhomepage abrufbar sind. Allgemein gilt jedoch, dass solche sogenannten „Teaser" nicht wirklich oft in den Nachrichten vorkommen. Ein Schwachpunkt ist sicherlich, dass die Privatprogramme wichtige nationale Themen nicht so konsequent im Stundentakt melden, wie dies die öffentlich-rechtlichen Sender tun. So besteht die Gefahr, dass man ein Thema verpasst, obwohl es gemeldet wurde. Allerdings ist das Nachrichtenangebot regionaler und dadurch ein wenig entpolitisiert.

BAYERN 3 und hr3 bieten den Vorteil gegenüber ANTENNE BAYERN und HIT RADIO FFH, dass sie stärker in der nationalen und weltweiten Berichterstattung sind. Dies kann sicherlich auch auf das Korrespondenten-Netzwerk der ARD zurückgeführt werden, welches die Nachrichtenredaktionen mit Kurzbeiträgen beliefert. Dadurch sind Weltthemen bei den öffentlich-rechtlichen Sendern oftmals näher am Hörer, weil Reporter direkt vom Ort des Geschehens berichten. Kann ein Privatsender nicht auf einen Nachrichtenbeitrag zu einem überregionalen Thema zugreifen, lassen es die zuständigen Redakteure gegebenenfalls einfach weg.

Auf BAYERN 3 sind die einzelnen Meldungen im Durchschnitt länger und ausführlicher als bei ANTENNE BAYERN. Insgesamt sind die Nachrichten der beiden öffentlich-rechtlichen Sender aber nicht länger, dafür allerdings reicher an Hardnews, oft klassisch formuliert und mit hohem Politikanteil. Jedoch fällt gerade bei BAYERN 3 auf, dass zunehmend versucht wird, spielerisch in Meldungen einzusteigen. Öffentlich-rechtliche Medien sind dem Binnenpluralismus verpflichtet, müssen die gesellschaftlichen Gruppen ausgewogen repräsentieren und zudem ausgewogen über Politik berichten (vgl. Pürer 2003: 229). Eine Regionalisierung, wie sie bei den Privatsendern vorzufinden ist, dürften die Programmchefs von BAYERN 3 und hr3 gar nicht einführen. Insofern unterliegen die Nachrichten der öffentlich-rechtlichen Programme einem engeren, gesetzlich vorgegebenen Korsett, als dies bei den Privatsendern der Fall ist.

Insgesamt gilt: Wer lieber regionale Berichterstattung und weniger über politische Themen hören möchte, sollte ANTENNE BAYERN oder HIT RADIO FFH einschalten. Wer sich national ausgerichtete Nachrichten und mehr politische Themen wünscht, schaltet BAYERN 3 oder hr3 ein.

5.2 Ergebnisse unter Berücksichtigung der Prüfaufträge

Wie eingangs erwähnt hören 78,7 % der Deutschen jeden Tag Radio (vgl. AGMA 2016a), davon 60 % immer nur den gleichen Sender (vgl. Volpers/ Schnier/Salwiczek 2005: 131). Entsprechend bedeutsam ist es, dass die Nachrichten im Hörfunk schnell und umfangreich sind und nicht zum Infotainment mutieren. In der Tat darf in Hinblick auf die beiden Privatsender die Frage gestellt werden, ob es wirklich wichtiger ist, mit einem regionalen Thema aufzumachen, nur weil es regional ist, und dafür auf ein anderes, weit wichtigeres nationales Thema zu verzichten.

5.2.1 Politik vs. Kriminalität und Verbrechen

Es scheint so, als wünschen sich die Hörer mehr landesbezogene Berichterstattung, weil die beiden Privatsender jeweils Marktführer in ihrem Sendegebiet sind (vgl. AGMA 2016b). Dennoch favorisieren die Hörer in der Studie von VOWE und WOLLING an erster Stelle politische Themen und an zweiter Stelle erst Kriminalität und Verbrechen (vgl. Vowe/Wolling 2004: 23 & 148). Die beiden Privatprogramme drehen den Spieß jedoch um, was vermutlich keine bewusste Entscheidung ist, allerdings auf die stark regionale Berichterstattung zurückgeführt werden kann.

Eine Lösung könnte sein, bundesweite politische Nachrichten auf das jeweilige Kernverbreitungsgebiet herunterzubrechen. So könnte man auf der einen Seite den Politik-Aufmacher sichern, der ja vom Publikum gewünscht ist, und dennoch der eigenen Leitlinie treu bleiben, die bei den Privatsendern „Regionalität" bedeutet. Das gibt die Möglichkeit, den politischen Anteil an den Nachrichten auch grundsätzlich zu erhöhen, dabei aber auch Hörernähe zu schaffen, indem man das Thema z.B. mit Zahlen aus dem eigenen Bundesland interessanter macht. Leider findet dieses Herunterbrechen von Themen nicht wirklich in den Redaktionen statt, weil es unter Umständen einen erheblichen Mehraufwand an teurer Recherche bedeuten würde. Unter den 531 untersuchten Meldungen waren nur insgesamt 43 Meldungen, die in irgendeiner Form heruntergebrochen wurden (vgl. Anhang Tabelle 24). Dieses Ergebnis ist sicherlich ausbaufähig.

5.2.2 Idealtypischer Nachrichtenverlauf

Morgen-Nachrichten, die dem Hörer sagen, was sich seit dem Abend ereignet hat und was ihn heute erwartet – Mittags-Nachrichten, die einen aktuellen Zwischenstand in der Mittagspause bieten und eine Zusammenfassung des Nachrichtentages gegen Nachmittag bis hin zum Abend: Das ist der ideale Nachrichtenverlauf, den sich der Hörer wünscht (vgl. Schönbach/Goertz 1995: 14 & Berg/Kiefer 1992: 56ff.).

Die untersuchten Programme halten sich an dieses Schema insofern, als dass sich der Anteil an tagesaktuellen Meldungen ab zwölf Uhr signifikant erhöht, während am Morgen noch Meldungen, die bis zu einer Woche alt sind bzw. vorausblickende Meldungen dominieren. Dieser Nachrichtenverlauf macht selbstverständlich nur Sinn, wenn die vorausblickenden Meldungen des Morgens im Laufe des Tages innerhalb der Nachrichtensendungen aktualisiert werden.

Der Nachrichtentag wurde am Beispiel des ersten Prozesstages um das Gerichtsverfahren von Ex-Bundespräsident Christian Wulff exemplarisch nachgezeichnet. Die zehn gesondert ausgewerteten Themen zeigen, dass es den öffentlich-rechtlichen Programmen in der Regel besser gelingt, den idealtypischen Nachrichtenverlauf einzuhalten. Allerdings war ein Kriterium für die Auswahl der Themen, dass sie von überregionalem Interesse sind, was wiederum eine Domäne der öffentlich-rechtlichen Programme ist. Für regionale Themen würde die Auswertung möglicherweise anders aussehen.

5.2.3 Zeitlicher Umfang und Informationsgehalt

Die Hörer erhoffen sich von ihrem Idealradio möglichst ausführliche Nachrichten. Deswegen wäre es wünschenswert, längere Nachrichtensendungen zu haben, die außerdem ausführliche Meldungen bieten (vgl. Schönbach/Goertz 1995: 72 & 110). Fünf bis sieben Meldungen gelten als ideale Anzahl, weil der Hörer in etwa so viel aufnehmen kann (vgl. Gantz 1978: 666 & Kindel 1998: 31). Alle untersuchten Programme halten sich an das ausgegebene Maximum von sieben Meldungen pro Nachrichtensendung. Mit sechs Meldungen enthalten die ANTENNE-BAYERN-Nachrichten normalerweise mehr als die Nachrichten der anderen Sender mit durchschnittlich fünf Meldungen. Aus diesem Grund sind die Nachrichten von ANTENNE BAYERN länger. Dafür sind aber die Meldungen durchschnittlich kürzer. Die längsten und ausführlichsten Meldungen laufen bei BAYERN 3. Die Nachrichten der hessischen Sender sind beide bis zu 30 Sekunden kürzer. Hier wäre es gut, wenn die verantwortlichen Programmchefs Nachrichten als wichtigen Programm-Bestandteil und Einschaltfaktor begreifen und von zu straffen Zeitvorgaben für Meldungen ein wenig mehr Abstand nehmen würden. Die Sender, die zwar insgesamt längere Gesamtnachrichten bieten, kürzen dafür die einzelnen Meldungen und die Programme, die zwar längere Einzelmeldungen zulassen, trauen sich offenbar nicht, noch eine zusätzliche Meldung zu bringen.

5.2.4 Darstellungsformen

Obwohl O-Töne, Korrespondentenberichte und Aufsager nicht dazu führen, dass die Nachrichten besser erinnert werden (vgl. Schönbach/Goertz 1995: 111 & Kindel 1998: 157f.), so steigern sie dennoch das Ansehen eines Nachrichtenformats und eröffnen den Redaktionen mehrere Möglichkeiten ihre Nachrichten interessanter zu gestalten. Ein erfreuliches Ergebnis der Studie besteht darin, dass alle Sender nicht mit solchen Elementen sparen: Alle Programme setzen in mehr als jeder zweiten Meldung entsprechende Darstellungsformen ein.

5.2.5 Sprecher

Es scheint, als würden Nachrichten lückenloser erinnert werden, wenn sie von Männern gesprochen werden (vgl. Schönbach/Goertz 1995: 109). Das sollte jedoch kein Grund sein, mehr Männer als Nachrichtensprecher einzustellen, weil es definitiv andere Mängel gibt, die das Erinnern viel maßgeblicher stören als das Geschlecht des Sprechers. So gibt es männliche Sprecher, die aufgrund ihrer Stimmfarbe weniger gut verständlich sind als Sprecherinnen. Es ist allerdings so, dass mehr Männer im Hörfunk sprechen als Frauen. Das wird besonders deutlich, wenn man sich das Geschlechterverhältnis unter den Korrespondenten anschaut. Die Programme setzen hier durchweg doppelt so viele Männer wie Frauen ein. HIT RADIO FFH ist außerdem der einzige untersuchte Sender, bei dem in allen analysierten Sendungen nur Männer gesprochen haben, was jedoch auch krankheits- oder urlaubsbedingt der Fall gewesen sein könnte. Die meisten Sprecherinnen waren bei hr3 und ANTENNE BAYERN zu hören. Dort sind über die Hälfte der Sprechermeldungen von Frauen gelesen worden.

5.2.6 Übersichtlichkeit, Verständlichkeit und Stilmittel

Ein Nachrichtenüberblick zum Beginn der Nachrichten und klassische Leadsätze erhöhen zwar die Übersichtlichkeit der Nachrichten, helfen dem Nutzer aber nicht beim Erinnern der Meldungen (vgl. Schönbach/Goertz 1995: 107). Dies gilt auch für Emotionalisierungen (vgl. Kindel 1998: 207ff.) und Musikbetten (vgl. Schönbach/Goertz 1995: 111 & Kindel 1998: 153), die in dieser Hinsicht erwiesenermaßen wenig bewirken, aber den Hörer auch nicht stören. Dennoch versprechen sich die Sender Vorteile vom Einsatz dieser Stilmittel.

Die beiden untersuchten Privatsender verzichten beide auf einen Nachrichtenüberblick und auch verhältnismäßig oft auf das Leadsatzprinzip. Dafür setzen sie punktuell Musikbetten ein und vermehrt auch Emotionalisierungen, beispielsweise in Form von Personalisierungen oder Wertungen. Sie versprechen sich davon, die Nachrichten besser in das restliche Programm einzubinden, und die Nachrichten interessanter und für den Hörer greifbarer zu machen. Beim Erinnern der Informationen aus den Nachrichten helfen sie jedoch kaum.

Die „Bayernreporter“ von ANTENNE BAYERN und der Börsenblock in den Nachrichten von HIT RADIO FFH vereinen viele der hier angesprochenen Eigenschaften und wirken tatsächlich frisch und informativ zugleich. Solange der Informationsgehalt und die Ausführlichkeit der Nachrichten nicht unter abstrusen und von den Hören ungewollten Kürzungen leiden, sollte Kreativität durchaus erlaubt sein und nicht zu permanenter Kritik am Privatfunk führen. Im Gegenzug steigen die öffentlich-rechtlichen Programme beide mit einem Nachrichtenüberblick in die Sendung ein und verwenden häufiger Leadsätze, dafür aber keine Musikbetten und wenig Emotionalisierungen. Dadurch wirken die Nachrichten von BAYERN 3 und hr3 konservativer, aber auch konsequent, sehr seriös und weniger verschnörkelt.

Die Studie konnte nachweisen, dass klassische Leadsätze vor allem bei harten Themen angewendet werden, obwohl dies keine notwendige Voraussetzung für deren Einsatz ist, ihn aber begünstigen. Gleichzeitig ist außerhalb dieser Studie zu beobachten, dass auch die öffentlich-rechtlichen Sender häufiger spielerisch und nicht mehr so konservativ in Meldungen einsteigen wie früher. Die Privatsender haben in dieser Hinsicht offenbar zu einem gewissen Umdenken angeregt, auch bei ihren Konkurrenten. Den spielerischen Mitteln wird nachgesagt, das Verständnis der Nachrichten zu fördern.

6 Nachrichtenprofile der Sender

Aus den gewonnenen Erkenntnissen über die vier untersuchten Nachrichtenformate sollen abschließend kurze Nachrichtenprofile erstellt werden und dabei Stärken und Schwächen sowie Besonderheiten der einzelnen Sender herausgearbeitet werden.

6.1 ANTENNE BAYERN

Das Programm von ANTENNE BAYERN stand zur Zeit der Studie unter dem Claim „Wir lieben Bayern – wir lieben die Hits“. Dementsprechend ausgerichtet sind auch die Nachrichten. Mehr als zwei Drittel der Meldungen berichten über bayerische Ereignisse. Die meisten bayerischen Meldungen sind oberbayerischen Ursprungs, Schwaben ist am zweitbesten repräsentiert. Danach folgen die drei fränkischen Bezirke und Niederbayern. Die Oberpfalz ist nicht ganz so gut vertreten. Charakteristisch ist in der Regel ein bayerischer Aufmacher, der oft sehr ausführlich behandelt wird. Morgens ist die bayerische Aufmachermeldung etwa eine Minute lang. Die weiteren bayerischen Themen folgen normalerweise nach zwei anderen Meldungen, die entweder aus Deutschland oder dem Rest der Welt kommen, und laufen unter der Rubrik „Bayernreporter“. Diese sind mit einem Musikbett unterlegt und werden von den Korrespondenten in einem reportagigen Stil präsentiert, klingen frisch und sind oft sehr kreativ gestaltet. Oft wird in den „Bayernreportern“ mit charakteristischen Geräuschen gearbeitet. Der Einstieg ist meistens spielerisch und die Stücke werden oft im Dialekt gesprochen. Deutschland- und Weltthemen kommen durch die starke Konzentration auf Bayern oftmals ein wenig zu kurz, was die Kehrseite der Medaille ist. Bei der Betrachtung, wie ein Thema im Tagesverlauf aufgegriffen und weiterverfolgt wird, fällt auf, dass gerade überregionale Themen nicht so konsequent verfolgt werden wie bayerische. Deutschland- oder Weltthemen laufen meist auf Position zwei oder drei. Gleichzeitig sorgt die regionale Ausrichtung für eine erhöhte Berichterstattung über Kriminalität, Justiz und Unfälle und damit auch für einen höheren Softnewsanteil. Auffällig ist auch das starke „Branding“ der Nachrichten. Jeder Korrespondent moderiert sich konsequent mit dem

Sendernamen ab. Positiv fällt auf, dass der Nettonachrichtengehalt der ANTENNE-BAYERN-Nachrichten am höchsten war und die Nachrichten mit durchschnittlich drei Minuten und zwölf Sekunden sehr lang für einen Privatsender sind. Die einzelnen Meldungen sind jedoch relativ kurz und könnten oft ein wenig ausführlicher sein.

6.2 BAYERN 3

Die Nachrichten von BAYERN 3 sind gekennzeichnet durch sehr ausführliche Meldungen, die mit 36,34 Sekunden besonders lang sind. Auch die Nachrichtenlänge mit durchschnittlich drei Minuten und zwei Sekunden ist völlig in Ordnung. Zu Beginn findet der Hörer zunächst einen Nachrichtenüberblick, der als Orientierungshilfe gedacht ist. Dadurch wirken die Nachrichten jedoch ein wenig länger, als sie tatsächlich sind. BAYERN 3 zeichnet sich durch einen sehr hohen Anteil an harten und politischen Meldungen aus, die oft nach dem klassischen Leadsatzprinzip aufgebaut sind. Der Fokus der Nachrichten liegt klar auf bundesweiten Nachrichten. Weltthemen werden genauso stark berücksichtigt wie Themen aus Bayern. Bei den bayerischen Meldungen fällt auf, dass sie extrem ungleichmäßig über die Bezirke verteilt sind. Oberbayern ist sehr stark begünstigt vor Schwaben und Oberfranken. Die anderen Bezirke sind quasi nicht abgebildet. Positiv ist wiederum, dass BAYERN 3 besonders verlässlich an Themen dran bleibt. Man kann sich sehr sicher sein, dass die wichtigsten nationalen Themen, die bereits am Morgen liefen auch noch am Mittag und am Nachmittag Teil der Nachrichten sind und nicht plötzlich fallen gelassen werden. Von Musikbetten und Verpackungselementen bleiben die Hörer verschont. Ebenso verzichtet BAYERN 3 zu einem ganz großen Teil auf die Nennung des eigenen Sendernamens, wodurch die Nachrichten schlanker und weniger aufdringlich wirken.

6.3 HIT RADIO FFH

Die Nachrichten von HIT RADIO FFH fallen zunächst durch ihren ungewöhnlichen Einstieg auf. Moderation und Nachrichten gehen fast schon fließend ineinander über, weil der Moderator den Nachrichtensprecher anspricht und der daraufhin die Meldung fortführt, während ein Musikbett ausläuft. Zwischen Moderation und Nachrichten findet somit eine Entgrenzung statt. Ebenso besonders ist der Zeitpunkt, an dem die Nachrichten laufen. Nicht wie üblich zur vollen Stunde, sondern immer fünf Minuten früher um XX:55 Uhr. Untersucht wurden nur die Sendungen ohne regionale Programmaufspaltung. Der Anteil an Meldungen aus Hessen und Meldungen aus Deutschland liegt in etwa gleich hoch. Weltthemen sind seltener. In den Nachrichten mit regionaler Aufspaltung dürfte der Anteil an hessischen Meldungen deutlich höher sein. Mit nur zwei Minuten und 43 Sekunden sind die Nachrichten insgesamt relativ kurz gehalten. Die Meldungen werden aber entsprechend ihrer Wichtigkeit mit vertiefenden Elementen wie O-Tönen und Korrespondentenberichten ergänzt. Die Reporter werden immer als „FFH-Reporter" anmoderiert, weshalb die Nachrichten relativ stark „gebrandet" sind. Der Themenkomplex „Kriminalität/Justiz/Unfall" ist in etwa jeder vierten FFH-Meldung Hauptthema – das Sachgebiet „Politik" kommt in rund jeder fünften Meldung als Hauptthema vor. In knapp der Hälfte der Meldungen wählt der Nachrichtensprecher einen spielerischen Einstieg in die Meldung. Auffällig ist, dass bei HIT RADIO FFH viele Männer Nachrichten sprechen. Diese Studie konnte keine einzige Meldung finden, die von einer Frau gelesen wurde.

6.4 hr3

Charakteristisch für die hr3-Nachrichten ist ihr enorm hoher Anteil an Meldungen, die nach dem klassischen Leadsatzprinzip aufgebaut sind. Er liegt nahezu bei 97 %. Dementsprechend werden die Nachrichten auch von Hardnews dominiert. Bezeichnend ist auch, dass sich die Nachrichten auf hr3 mit Bewertungen ziemlich zurückhalten. Selbst neutrale Wertungen kommen nur wenige vor. Die mit durchschnittlich 02:44 Minuten recht kurzen Nachrichten starten zunächst mit einem Nachrichtenüberblick. Beachtlich ist der hohe Anteil an Deutschland-Meldungen, der bei mehr als 54 % liegt. Meldungen aus Hessen und der Welt sind gleich stark vertreten. Ebenso typisch ist, dass in fast jeder zweiten Meldung ein Korrespondentenbericht gespielt wird. Der Korrespondent wird zuvor vom Nachrichtensprecher als „hr3-Reporter" anmoderiert. So erklären sich die für einen öffentlich-rechtlichen Sender überdurchschnittlich vielen Nennungen des Sendernamens. BAYERN 3 und hr3 begleiten die wichtigen Themen zu jeder vollen Stunde bis zum Abend; besonders wenn es sich um bundesweite politische Themen handelt.

7 Fazit

Im 21. Jahrhundert ist das Radio an sich kein innovativer Apparat mehr. Im Gegenteil: Immer mehr Menschen hören Radio über ein alternatives Gerät, etwa über Smartphone-Apps, Webstreams oder über den Satelliten-Receiver des Fernsehers. Dennoch spricht man nach wie vor von Radiosendern. Sie stehen in einem harten Konkurrenzkampf mit Streaming-Diensten wie etwa Spotify, aber auch mit digitalen Plattformen, z.B. Video-on-Demand-Angeboten, die ebenfalls nach der Aufmerksamkeit der Rezipienten streben. Die Radiomacher brauchen also innovative Ideen, damit das Radio auch weiterhin so beliebt bleibt und zu den wichtigsten Massenmedien gehört, wie das bislang der Fall ist. Mit dem Internet hat sich die Auswahl empfangbarer Sender drastisch erhöht. Jedes Programm der Welt kann inzwischen via Digitalradio gehört werden. Die Sender müssen sich also in gewisser Weise unverzichtbar machen, wollen sie nicht durch andere Programme oder Musikstreaming-Dienste ersetzt werden. Es muss unbedingt erkannt werden, dass Radio mehr ist als nur Musik. Radio sollte eine anspruchsvolle Mischung aus Musik, Information und Unterhaltung sein. Ein weiteres Wegkürzen der Nachrichten und der restlichen Informationsblöcke macht das Radio nämlich erst recht überflüssig. Musik bekommt man überall – charakterstarke Moderatoren, die der Freund des Hörers sind und ihn durch den Tag lotsen, Comedys und Nachrichten nicht. ANTENNE BAYERN, BAYERN 3, HIT RADIO FFH und hr3 haben diese Entwicklung offenbar erkannt und setzen auf Regionalkompetenz oder Kompetenz in Sachen Nationalberichterstattung, die ein US-Musiksender oder Spotify nicht bieten können. Gleichzeitig birgt eine zu national- und weltpolitisch ausgerichtete Nachrichtenberichterstattung eine Gefahr: Nahezu alle Fernsehsender, Nachrichten-Apps für Smartphones oder Konkurrenzprogramme liefern diese Themen ebenfalls. Sie sind omnipräsent und Sender, die auf Deutschland-zentrierte bzw. Weltnachrichten setzen, laufen Gefahr, dass sie nicht als eigene Marke erkannt werden oder zu verwechselbar sind. Der Nachrichtenmarkt ist auf dieser Ebene bereits gesättigt. Insofern kann Regionalkompetenz durchaus als probates Mittel verstanden werden, um sich von TV-Nachrichtenformaten und anderen Angeboten abzuheben, sofern die wichtigsten Themen des Tages dennoch Berücksichtigung finden. Auf regionalem Terrain informieren vor allem die Privatsender relativ ausführlich. Das ist gut, denn von keinem Sender kann erwartet werden, das komplette Weltgeschehen zu erfassen. Dennoch dürfen die Regionalmeldungen nicht zu lapidar in ihrer Bedeutung sein. Schließlich wird vom Hörer eine umfassende Berichterstattung erwartet. Die großen Privatsender schaffen diesen Spagat zwischen Regionalität und national- bzw. weltpolitischer Bedeutung aktuell relativ gut. Dennoch ist erkennbar, dass aufgrund straffer Zeitvorgaben einige wichtige Themen nur sehr inkonsequent verfolgt werden, möglicherweise auch, weil man Angst hat, der Hörer würde das Thema nicht verstehen oder es sei zu komplex oder gar langweilig. Der eingeschlagene Weg, spielerischer in Meldungen einzusteigen, könnte auch hier weiterhelfen. Beiträge, die für Nachrichten eher ungewöhnlich erscheinen, etwa weil sie das bisherige Geschehen zu einem Thema nochmal komplett zusammenfassen, könnten an dieser Stelle nützlich sein. Zudem gibt es inzwischen Hinweise darauf, dass sich Nachrichtenrezipienten konstruktivere Meldungen wünschen, die mögliche Auswege aus einer Krisensituation aufzeigen und nicht nur die bloße Situation oder ein konkretes Ereignis schildern. Um all dies konsequent gewährleisten zu können, müssten jedoch vor allem Privatsender ihre Nachrichtenredaktionen aufstocken und öffentlich-rechtliche Rundfunkanstalten müssten ihre konservative Denkweise teilweise aufgeben und mutiger werden. Diese Studie liefert erste Hinweise, dass ein Umbruch stattfindet, der aber bei weitem noch nicht abgeschlossen ist. Vor allem viele kleinere Lokalsender haben die Bedeutung von Informationen allerdings nicht verstanden und spielen unermüdlich Musik. „Nur die beste neue Musik“ zum Beispiel – Dudelfunk. Die Musik könnte auch vom MP3-Player kommen. Die Nachrichten sind gerade einmal anderthalb Minuten lang. Klar: Dann kann man sie sich tatsächlich sparen. Denn dann sind sie nämlich genau das, wovor sich die Programmverantwortlichen immer fürchten: ein Abschaltfaktor.

8 Literaturverzeichnis

Themenrelevante Fachliteratur

Bargstedt, P., & Weiß, R. (1987). *Die Morgennachrichten im Hörfunk. Themen–Akteure–Nachrichtenstil.* Hamburg: Hans-Bredow-Institut für Medienforschung.

Berg, K., & Kiefer, M.-L., (1992). *Massenkommunikation IV. Eine Langzeitstudie zur Mediennutzung und Medienbewertung 1964 bis 1990.* Baden-Baden: Nomos.

Galtung, J., Ruge, M. H., (1965). *The Structure of Foreign News. The Presentation of the Congo, Cuba and Cyprus Crisis in Four Norwegian Newspapers.* In *Journal of Peace Research 2.* London: Sage Publications.

Gantz, W., (1978). *How Uses and Gratifications Affect Recall of Television News.* In *Journalism Quarterly Vol. 55.* Columbia/South Carolina: AEJMC.

Haaß, C., (1994). *Radionachrichten. Öffentlich-rechtlich versus privat. Ein Vergleich zwischen Hessischem Rundfunk und Radio FFH.* München: Reinhard Fischer.

Kepplinger, H. M., (2008). *News Factors.* In: Donsbach, W., (Hg.) (2008). *The International Encyclopedia of Communication* (S. 3245–3248). Oxford: Blackwell Publishing.

Kindel, A., (1998). *Erinnern von Radio-Nachrichten. Eine empirische Studie über die Selektionsleistung der Hörer von Radio-Nachrichten.* München: Reinhard Fischer.

La Roche, W. von, (2008). *Einführung in den praktischen Journalismus.* Berlin: Econ.

La Roche, W. von, & Buchholz, A., (Hg.) (2004). *Radio-Journalismus. Ein Buch für Ausbildung und Praxis im Hörfunk.* Berlin: List.

Maier, M. et al., (2010). *Nachrichtenwerttheorie.* Baden-Baden: Nomos.

Peters, L., (2005). *Von Welle zu Welle. Umschalten beim Radiohören.* Berlin: Vistas.

Pürer, H., (2003). *Publizistik- und Kommunikationswissenschaft. Ein Handbuch.* Konstanz: UVK.

Schönbach, K., & Goertz, L., (1995). *Radio-Nachrichten: Bunt und flüchtig?. Eine Untersuchung zu Präsentationsformen von Hörfunknachrichten und ihren Leistungen.* Berlin: Vistas.

Volpers, H., Schnier, D., & Salwiczek, C., (2005). *Nachrichten im Hörfunk. Ein Vergleich der Nachrichtenprofile norddeutscher Radioprogramme.* Berlin: Vistas.

Vowe, G., & Wolling, J., (2004). *Radioqualität. Was die Hörer wollen und was die Sender bieten: Vergleichende Untersuchung zu Qualitätsmerkmalen und Qualitätsbewertungen von Radioprogrammen in Thüringen, Sachsen-Anhalt und Hessen.* München: Kopaed.

Weischenberg, S., (2001). *Nachrichten-Journalismus. Anleitungen und Qualitätsstandards für die Medienpraxis.* Wiesbaden: Westdeutscher Verlag.

Internetquellen

AGMA (2016a). *Radiohören. Eine Konstante im Alltag: Nahezu acht von zehn Personen hören täglich Radio.* https://www.agma-mmc.de/fileadmin/user_upload/Pressemitteilungen/2016/PM_ma_2016_Radio_II.pdf. Zugriff: 29.07.2016.

AGMA (2016b). *MA 2016 Radio II.* http://www.radioszene.de/wp-content/uploads/2016/07/Pressetabellen_ma_2016_Radio_II.pdf. Zugriff: 29.07.2016.

ARD-Werbung Sales & Services (2016). *MA 2016 II.* http://reichweiten.de. Zugriff: 29.07.2016.

Bayerisches Landesamt für Statistik (2015). *Bevölkerungsstand.* https://www.statistik.bayern.de/statistik/bevoelkerungsstand/. Zugriff: 17.09.2015.

BR-Media (2013). *Welche Zielgruppe hört welches Programm.* http://www.br-media-radiotv.de/radio-werbung/proradio/ihre-kampagne/welche-zielgruppe-hoert-welches-programm. Zugriff: 28.01.2014.

BR-Online (2016). *6,2 Millionen Menschen hören BR-Programme.* http://www.br.de/nachrichten/mediaanalyse-2016-radio-100.html. Zugriff: 29.07.2016.

HR-Werbung (o.J.). *hr3. Die Musik in mir.* http://www.hr-online.de/website/derhr/hr-werbung/index.jsp?rubrik=78841. Zugriff: 17.09.2015.

Maier, M., Ruhrmann, G., Stengel, K., (2009). *Der Wert von Nachrichten im deutschen Fernsehen. Inhaltsanalyse von TV-Nachrichten im Jahr 2007.* http://lfm-nrw.de/downloads/nachrichtenanalyse_1992-2007.pdf. Zugriff: 07.04.2016.

Prantl, H., (2013). *Wegen 753,90 Euro.* http://www.sueddeutsche.de/politik/prozessauftakt-gegen-christian-wulff-wegen-euro-1.1817168. Zugriff: 01.02.2014.

Radio/Tele FFH (o.J.). *HIT RADIO FFH.* http://www.radioteleffh.de/unsere-sender/hit-radio-ffh.html. Zugriff: 17.09.2015.

Schröder, J., (2015). *IVW-Blitz-Analyse.* http://meedia.de/2015/07/20/ivw-blitz-analyse-starke-verluste-fuer-spiegel-bild-und-welt-bravo-schafft-den-turnaround/. Zugriff: 17.09.2015.

Spotcom (2016). *Preisliste 28 ANTENNE BAYERN.* https://www.spotcom.de/wp-content/uploads/2016/01/Preisliste_ABY_2016.pdf. Zugriff: 02.03.2016.

Unternehmensgruppe ANTENNE BAYERN (2016). *ANTENNE BAYERN MA-cht das klar! (bei Jung und Alt).* https://unternehmensgruppe.antenne.de/pressemeldung/antenne-bayern-ma-cht-das-klar--bei-jung-und-alt-.html. Zugriff: 29.07.2016.

9 Anhang

Tabelle 1: Hardnews- bzw. Softnewsanteil auf bestimmter Nachrichtenposition

Hardnews/Softnews auf bestimmter Nachrichten-position in %	1	2	3	4	5	6	7
Hardnews	85,0	93,0	83,0	64,0	33,3	10,0	0,0
Softnews	15,0	7,0	17,0	36,0	66,7	90,0	100,0

Tabelle 2: Art des Nachrichteneinstiegs bei den einzelnen Sendern

Nachrichteneinstieg	Sachlich, nüchtern, klassischer Leadsatz in %	Spielerisch in %
ANTENNE BAYERN	34,9	65,1
BAYERN 3	65,6	34,4
HIT RADIO FFH	50,8	49,2
hr3	96,9	3,1

Tabelle 3: Art des Nachrichteneinstiegs und Anteil an Hard- bzw. Softnews-Meldungen

Einstieg und Art der Meldung	Sachlich, nüchtern, klassischer Leadsatz in %	Spielerisch in %
Hardnews	78,6	21,4
Softnews	51,4	48,6

Tabelle 4: Grad der Nachrichtenpersonalisierung bei den einzelnen Sendern

Grad der Personalisierung einer Meldung und Sender in %	Nicht vorhanden	Kommt in Meldung vor	Starke Personalisierung in Meldung vorhanden
ANTENNE BAYERN	53,9	31,6	14,5
BAYERN 3	87,2	12,0	0,8
HIT RADIO FFH	62,7	31,0	6,3
hr3	85,2	14,8	0,0

Tabelle 5: Grad der Nachrichtenbewertung bei den einzelnen Sendern

Bewertung in Meldung und Sender in %	Kommt nicht vor	Neutrale Wertung an wenigen Stellen vorhanden	Neutrale Wertung an mehreren Stellen vorhanden	Starke, nicht neutrale Wertung an wenigen Stellen vorhanden	Starke, nicht neutrale Wertung an mehreren Stellen vorhanden
ANTENNE BAYERN	42,1	37,5	13,8	5,9	0,7
BAYERN 3	73,6	21,6	4,8	0,0	0,0
HIT RADIO FFH	46,8	38,2	7,1	7,1	0,8
hr3	87,5	11,7	0,8	0,0	0,0

Tabelle 6: Zusammenhang zwischen Art des Nachrichteneinstiegs und Nachrichtenbewertung

Zusammenhang Einstieg und Bewertung in %	Wertung kommt nicht vor	Neutrale Wertung an wenigen Stellen vorhanden	Neutrale Wertung an mehreren Stellen vorhanden	Starke, nicht neutrale Wertung an wenigen Stellen vorhanden	Starke, nicht neutrale Wertung an mehreren Stellen vorhanden
Sachlich, nüchtern, klassischer Leadsatz	77,4	39,5	24,3	11,1	50,0
Spielerisch	22,6	60,5	75,7	88,9	50,0

Tabelle 7: Verwendung von Verpackungselementen in den Nachrichten der einzelnen Sender

Verpackungselement in Meldung vorhanden in %	ANTENNE BAYERN	BAYERN 3	HIT RADIO FFH	hr3
Ja	49,3	0,0	0,0	0,0
Nein	50,7	100,0	100,0	100,0

Tabelle 8: Verwendung von Musikbetten in den Nachrichten der einzelnen Sender

Meldung mit Musikbett unterlegt in %	ANTENNE BAYERN	BAYERN 3	HIT RADIO FFH	hr3
Ja	49,3	0,0	4,0	0,0
Nein	50,7	100,0	77,8	100,0
Teilweise	0,0	0,0	18,2	0,0

Tabelle 9: Hauptthema und dessen Anteil an den Nachrichten der einzelnen Sender

Hauptthema nach Sender in %	ANTENNE BAYERN	BAYERN 3	HIT RADIO FFH	hr3
Politik	16,5	43,2	21,4	40,6
Kriminalität/Justiz/ Unfall	25,0	20,8	24,6	19,5
Wirtschaft	12,5	6,4	14,3	5,5
Sport	9,2	6,4	8,7	12,5
Sonstiges	36,8	23,2	31,0	21,9

Tabelle 10: Berichterstattungsgründe für Platzierung eines Themas in den Nachrichten

Berichterstattungsgrund	Häufigkeit	in %
(politische) Krise/Desaster	2	0,4
Wahlen/Wahlergebnis	11	2,1
Gipfeltreffen/sonstiges politisches Meeting	85	16,0
Demonstration/Protest	9	1,7
Pressekonferenz	22	4,1
Pressemeldung/anderes Medium	23	4,3
Meinungsumfrage/Studie	28	5,3
Politische Erklärung/Statement eines politischen Akteurs	58	10,9
(politische)(unternehmerische) Entscheidung/ Gesetz/sonstige (politische)(unternehmerische) Aktivitäten	47	8,9
Eröffnung/Gründung/Vorstellung eines Projekts oder einer Aktion/Startschuss	13	2,4
Messe/Kongress	12	2,3
(Volks-)Fest/Markt/Umzug	3	0,6
Preisverleihung/Auszeichnung	5	0,9
Verbrechen/Festnahme/Razzia/Gerichtsverfahren	80	15,1
Unfall	19	3,6
Naturkatastrophe/Naturereignis	33	6,2
Sportlicher Wettkampf	29	5,5
Öffentliches Ärgernis	15	2,8
Ohne Anlass	2	0,3
Sonstiges	35	6,6
Insgesamt	531	100,0

Tabelle 11: Ursprungsbezirk einer Meldung und Anteil an den Nachrichten der bayerischen Sender

Bayerische Sender und Ursprungsort/ Verteilung der Meldungen nach bayerischen Regierungsbezirken in %	ANTENNE BAYERN	BAYERN 3
Oberbayern	42,4	72,7
Schwaben/Allgäu	22,2	15,2
Mittelfranken	10,1	3,0
Unterfranken	7,1	0,0
Oberfranken	7,1	6,1
Niederbayern	7,1	3,0
Oberpfalz	4,0	0,0

Tabelle 12: Bezugsraum einer Meldung und Anteil an den Nachrichten der bayerischen Sender

Bayerische Sender und Bezugsräume in den Meldungen/Verteilung in %	ANTENNE BAYERN	BAYERN 3
Kein Bezugsort erkennbar	47,4	32,8
Bayern	20,4	12,3
Deutschland	25,0	39,3
Welt	3,9	8,2
Mehrere Bezugsorte erkennbar	3,3	7,4

Tabelle 13: Ursprungsregion einer Meldung und Anteil an den Nachrichten der hessischen Sender

Hessische Sender und Ursprungsort/ Verteilung der Meldungen nach Region in %	HIT RADIO FFH	hr3
Rhein-Main	40,8	55,6
Mittelhessen	30,6	7,4
Nordhessen	16,3	22,2
Südhessen	8,2	11,1
Osthessen	4,1	3,7

Tabelle 14: Bezugsraum einer Meldung und Anteil an den Nachrichten der hessischen Sender

Hessische Sender und Bezugsräume in den Meldungen/Verteilung in %	HIT RADIO FFH	hr3
Kein Bezugsort erkennbar	46,0	34,4
Hessen	17,7	5,5
Deutschland	25,0	46,9
Welt	8,9	8,6
Mehrere Bezugsorte erkennbar	2,4	4,6

Tabelle 15: Hauptakteure der Nachrichten

Hauptakteur in Meldung	in %
Nicht zu identifizieren	23,7
Protagonist/namentlich genannte Einzelperson	30,9
Gruppierung regional	1,5
Gruppierung überregional	12,1
Institution	31,8

Tabelle 16: Geschlecht des Nachrichtensprechers anteilig an den Nachrichten der einzelnen Sender

Geschlecht des Nachrichtensprechers nach Meldungen in %	ANTENNE BAYERN	BAYERN 3	HIT RADIO FFH	hr3
Weiblich	34,2	40,0	0,0	51,6
Männlich	16,4	60,0	100,0	48,4
Kein Sprecher	49,4	0,0	0,0	0,0

Tabelle 17: Geschlecht des Korrespondenten anteilig an den Nachrichten der einzelnen Sender

Geschlecht des Korrespondenten nach Meldungen in %	ANTENNE BAYERN	BAYERN 3	HIT RADIO FFH	hr3
Kein Korrespondent vorhanden	43,3 (vorhanden: 56,7)	52,0 (vorhanden: 48,0)	50,8 (vorhanden: 49,2)	50,0 (vorhanden: 50,0)
Weiblich	18,5	15,2	15,9	18,8
Männlich	38,2	32,8	33,3	31,2

Tabelle 18: Ausprägung eines Dialekts bei den Korrespondenten der einzelnen Sender

Dialekt des Korrespondenten in Meldung in %	ANTENNE BAYERN	BAYERN 3	HIT RADIO FFH	hr3
Kein Dialekt vorhanden	45,3	71,7	95,2	97,0
Dialekt hörbar	9,4	25,0	4,8	3,0
Dialekt stark ausgeprägt	45,3	3,3	0,0	0,0

Tabelle 19: Verwendung von Teasern in den Nachrichten der einzelnen Sender

Teaser in Meldung in %	ANTENNE BAYERN	BAYERN 3	HIT RADIO FFH	hr3
Ja	1,3	1,6	6,3	2,3
Nein	98,7	98,4	93,7	97,7

Tabelle 20: Teaser auf bestimmten Content

Teaser auf bestimmten Content	Häufigkeit
Kein Teaser vorhanden	516
Kommende Sendung im eigenen Programm	4
Eigene Senderhomepage	10
Sonstige Homepage	1
Insgesamt	531

Tabelle 21: Nennung des Sendernamens in den Meldungen der einzelnen Sender

Nennung des Sendernamens in Meldung in %	ANTENNE BAYERN	BAYERN 3	HIT RADIO FFH	hr3
Ja	58,6	4,8	55,6	50,0
Nein	41,4	95,2	44,4	50,0

Tabelle 22: Häufigkeit nachrichtenrelevanter Themen bei den einzelnen Sendern

Thema der Meldung/Häufigkeit	ANTENNE BAYERN	BAYERN 3	HIT RADIO FFH	hr3
Koalitionsverhandlungen über große Koalition in Berlin	10	18	5	20
SPD-Bundesparteitag in Leipzig	3	6	2	6
Ex-Bundespräsident Wulff steht in Hannover vor Gericht	1	5	1	4
Taifun auf den Philippinen	6	7	10	9
NSU-Prozess in München	1	0	0	0
NSA-Spähaffäre	0	10	4	11
Atomgespräche mit dem Iran	0	4	1	3
„Pille danach" soll rezeptfrei werden	3	3	2	1
Steueraffäre um Uli Hoeneß	6	6	6	5
Naziraubkunst in München gefunden	5	7	0	1
Anderes Thema	117	59	95	68
Insgesamt	152	125	126	128

Tabelle 23: Themenkomplexe und deren Verortung nach Berichterstattungsraum

Themenkomplex und Verortung in %	Politik	Kriminalität/ Justiz/Unfall	Sonstiges
Bayern/Hessen	19,6	49,2	51,0
Deutschland	62,0	33,3	22,5
Welt	18,4	17,5	26,5

Tabelle 24: Wirkungszusammenhang bei den einzelnen Sendern

Wirkungszusammenhang und Sender/Häufigkeit und %	ANTENNE BAYERN	BAYERN 3	HIT RADIO FFH	hr3
Thema heruntergebrochen auf Deutschland	4/30,8	10/100,0	3/21,4	4/66,7
Thema heruntergebrochen auf Bayern	9/69,2	0/0,0	0/0,0	0/0,0
Thema heruntergebrochen auf Hessen	0/0,0	0/0,0	11/78,6	2/33,3
Insgesamt	13/100,0	10/100,0	14/100,0	6/100,0

Zeitfracht Medien GmbH
Ferdinand-Jühlke-Straße 7
99095 Erfurt, Deutschland
produktsicherheit@kolibri360.de